BREVE HISTORIA DEL IMPERIO BRITÁNICO

BREVE HISTORIA DEL IMPERIO BRITÁNICO

(UNA FUENTE DE CONFLICTOS GEOPOLÍTICOS)

ANTONIO TORRES-ALCALÁ

Antonio Torres-Alcalá
Breve Historia del Imperio británico
(*una fuente de conflictos geopolíticos*)

Impreso en los Estados Unidos de America.

Publicado por Spines Publishing Platform

ISBN: 979-8-90418-840-5

Spines

Para Teresa, Susi, Sandy, Alexa y Sofía.

"¿No conocéis acaso la costumbre de los ingleses? Dondequiera que clavan sus garras, se las ingenian poco a poco para inmiscuirse en el manejo completo de los asuntos." (Tipu Sultan, de una carta de 1976).

"¡Hombres de América! Dad gracias al cielo (dad gracias a vuestros propios y fuertes brazos) por haber escapado de la legislación corrupta de esta isla, que flota sobre las aguas como el casco apestado de un majestuoso naufragio." (Ernest Charles Jones, líder cartista inglés, 1851).

"Lector, quiero dejar muy claro que no albergo animadversión alguna hacia el pueblo británico. Al contrario, admiro muchas de sus contribuciones significativas al desarrollo del pensamiento y la cultura occidentales. Enumerarlas todas requeriría otro libro, pero son sobradamente conocidas. Es evidente, al menos para mí, que la política y los sentimientos y valores de las personas siguen, y de sobra, caminos distintos."

INTRODUCCIÓN

El lector podría inferir, por el subtítulo del libro, que el autor está sesgado respecto del Imperio británico.

Ruego respetuosamente al lector que considere los hechos que expondré, porque las opiniones no importan.

"De factibus non disputatur", solía decir el Senado romano, queriendo decir que "los hechos no se discuten". Por ejemplo, cuando un árbol cae en su patio o cuando ocurre un accidente, ambos son hechos. Se puede discutir la causa y el efecto, pero nunca el "hecho", porque está ahí, a la vista. Así, en este libro sobre el Imperio británico, me limitaré a exponer los "hechos y sus consecuencias".

Es habitual en la historia, pero nunca tanto como hoy, suprimir o tergiversar los hechos con la sutil intención de inducir a la mente humana a cuestionar o rechazar lo que debería ser la verdad. Este lavado de cerebro es la norma en nuestra sociedad y en nuestro sistema político actual. La "verdad" ha sido proscrita porque denuncia nuestra malevolencia.

Con esta premisa en mente, presentaré y comentaré los hechos y las consecuencias de los últimos doscientos años del Imperio británico.

Al inicio, siento la necesidad de dirigir la atención del lector hacia las palabras más recientes y más punzantes y precisas del Doctor Jeffrey Sachs (un

judío étnico) en el pódcast "Israel: antes de 1948" (Adam Free World, 24 de junio de 2025). Esta es su valoración:

"Todos los problemas del mundo se remontan a los británicos. Eso es cierto en Pakistán, India, China, Medio Oriente y aquí, en Chipre, porque fueron el imperio más poderoso durante 200 años y dejaron conflictos por todas partes. Usted conoce el desastre que está teniendo lugar en Palestina ahora mismo (6/18/2025). Una de las razones es que entre 1915 y 1917, los británicos prometieron el mismo territorio a 3 grupos distintos. Primero, en la correspondencia McMahon, los británicos prometieron la tierra a los árabes. Luchad con nosotros contra los turcos [¿recuerdan Lawrence de Arabia, la película?] y la tierra es vuestra. Luego negociaron el Acuerdo Sykes-Picot, diciéndoles a los franceses: "La tierra es vuestra", pero después llegó la Declaración Balfour en 1917 para establecer un hogar nacional judío."

Así que los británicos prometieron tres veces una tierra que no era suya para entregarla. Ahora hay que desenredar todo esto. Así pues, esto es solo un ejemplo de por qué todos los problemas del mundo, incluso hoy, se remontan a los británicos.

Podría decirse que Sachs es simplemente un anglófobo; sin embargo, no se pueden discutir los hechos, porque ahí están. No son invenciones.

En abril de 2022, Boris Johnson, el primer ministro del Reino Unido, impidió que Zelenski, el presidente ucraniano, llegara a un entendimiento con Rusia, prolongando así una guerra que ha diezmado a toda una generación de jóvenes ucranianos y a muchos rusos y que aún continúa mientras escribo este libro.

MI6, la Agencia de Inteligencia Británica, junto con la CIA, está implicada en todo el mundo en la promoción del caos, con la bendición del Gobierno británico, la BBC, el Estado profundo de Washington y los “medios tradicionales”. Debería ser evidente para cualquier observador imparcial que los británicos

se niegan a darse cuenta de que su imperio ya no existe y de que, pese a toda su influencia, no figuran entre las verdaderas potencias del mundo. Eso explicaría su constante intromisión en los asuntos políticos del mundo para desestabilizar regímenes y enfrentarse a Rusia, hacia la cual sienten un odio innato, así como su preparación de naciones incautas de la OTAN para declararle la guerra mientras escribo.

Todo esto, lector, tiene raíces profundas y antiguas en la historia. Es decir, en su historia: la descrita en el título del libro.

Le presentaré los hechos. Usted saque su propia conclusión.

I
EXTENSIÓN DEL IMPERIO BRITÁNICO EN EL MUNDO

Todo empezó hacia 1580, cuando España era enemiga acérrima del Imperio español, que abarcaba la mayor parte de América después de que Colón desembarcara allí en octubre de 1492, es decir, más de un siglo antes. España exploró más de lo que colonizó, dando paso a la "Era de los Descubrimientos" europea mientras controlaba vastas porciones de América, África, las islas del Pacífico, Oceanía y partes de Europa. España era conocida como el Imperio en el que "nunca se ponía el sol". El Imperio británico duró aproximadamente 400 años, casi tanto como el Imperio español, pero la diferencia residía en los métodos y prácticas de ambos. La expansión británica difería enormemente de la de España.

El cenit de la expansión mundial del Imperio español fue la primera circunnavegación de la Tierra, que comenzó en Sevilla, España, el 20 de septiembre de 1519, y terminó en Sanlúcar de Barrameda, España, el 6 de septiembre de 1522, bajo el mando de Juan Sebastián Elcano, después de que Magallanes muriera en Filipinas en 1521. Así pues, la afirmación británica de que Drake fue el primero en circunnavegar la Tierra se equivocaba por 58 años. Sin embargo, la reacción contra un Imperio español bien consolidado impulsó el desafío a España y el comienzo de siglos de enemistad entre las dos naciones. La animadversión se intensificó porque España era una nación católica, mientras que la religión dominante en Gran Bretaña era el anglicanismo. Los británicos

estaban decididos a socavar la dominación española, que había hecho del Océano Pacífico un "Lago español"; es decir, el Imperio español abarcaba la Tierra hasta el punto de que el sol nunca se ponía sobre él, para disgusto de los británicos, cuya determinación de seguir erosionándolo dio origen a su propio imperio. El Imperio británico se apoderó de muchas zonas geográficas que en otro tiempo formaron parte del Imperio español. Siguieron muchas batallas entre los dos contendientes, con resultados dispares. Entre las pérdidas británicas, una, en particular, fue la más humillante y fue causada por la decisión británica de apoderarse de Cartagena de Indias, en Colombia. La guerra, también llamada la "guerra de la Oreja de Jenkins", comenzó en 1731, cuando la embarcación del capitán Robert Jenkins fue capturada en el Caribe por un guardacostas español. En el forcejeo, uno de los guardias españoles le cortó una oreja a Jenkins, y fue enviado de vuelta a Inglaterra con el mensaje de que sería tratado del mismo modo si aparecía en territorios españoles. Huelga decir que ese fue el comienzo de una guerra que duró más de una década (1731 a 1748). El momento decisivo de aquella guerra fue la decisión británica de tomar Cartagena de Indias, en Colombia (1741), con una Armada de 186 barcos (la Armada inglesa), bajo el mando del almirante Edward Vernon. Cuando la batalla terminó, los británicos habían perdido más de 40 barcos y alrededor de 9.000 soldados. Vernon tuvo que retirarse a Inglaterra avergonzado porque los británicos jamás habían imaginado semejante desastre a manos de un comandante español, Blas de Lezo, apodado "mediohombre" y "pata de palo". Al fin y al cabo, en batallas anteriores había perdido un brazo y una pierna. Incluso los historiadores británicos, una vez terminada la guerra, lo presentan como un héroe épico.

La historia nos enseña que los grandes imperios no pueden sobrevivir durante mucho tiempo.

Los párrafos anteriores son el preludio de nuestra historia del Imperio británico, que duró unos 200 años.

Estas son las zonas de América del Norte bajo control británico durante las primeras décadas de la colonización.

América del Norte:

Canadá: Adquirida mediante el Tratado de París en 1763, la colonia de Canadá fue ampliada y rebautizada como la Provincia de Quebec. En la Ley Constitucional de 1791, pasó a conocerse como "las Canadas". En 1840, Alto y Bajo Canadá se unieron para formar la Provincia Unida de Canadá.

Estados Unidos: Aunque la colonización española de América comenzó en 1493 con la isla caribeña de La Española (hoy Haití y la República Dominicana) después del viaje inicial de Cristóbal Colón, bajo licencia de la reina Isabel de Castilla, el Imperio español reclamó con pleno derecho la jurisdicción sobre el Nuevo Mundo, incluido el Caribe, así como América del Norte y América del Sur. Aunque los territorios bajo la corona española suelen llamarse "colonias", ese término no se utilizó hasta la segunda mitad del siglo XVIII, y fue usado por Gran Bretaña, aunque

1,86 millones de españoles se asentaron en América antes de que llegaran los primeros británicos en 1607.

Entre 1585 y 1732, Gran Bretaña estableció colonias a lo largo de la costa atlántica, desde Massachusetts hasta Georgia. Sir Walter Raleigh, un explorador británico, fundó la colonia de Roanoke en 1585. El primer asentamiento permanente fue Jamestown, fundado en 1607. Después de Jamestown, un grupo de separatistas, en su mayoría puritanos, de la Iglesia de Inglaterra llegó en 1620 y estableció una segunda colonia permanente en la costa de Massachusetts. Los británicos también conquistaron o establecieron colonias en el Caribe.

Expansión en el Caribe:

En el siglo XVII, adquirieron Barbados, Jamaica y las Bahamas con la ayuda de un corsario (pirata), Francis Drake (más tarde honrado con un título nobiliario por Isabel I, reina de Inglaterra, después de que esta decapitara a la heredera legal del trono, María Estuardo, reina de Escocia, que era católica). El azúcar y el trabajo esclavo fueron las principales fuentes de riqueza para los británicos, comenzando con los viajes de Sir John Hawkins llevando esclavos desde África occidental a las colonias del Caribe. También adquirieron de España un grupo de islas en el Caribe: los territorios de las Indias Occidentales, además de un negocio de caoba en la bahía de Honduras, más tarde en Belice.

Asia:

Birmania: anexionada tras un violento enfrentamiento en 1824 y se independizó en 1885

Hong Kong: Cedido por China después de la Primera Guerra del Opio.

Australia y Oceanía:

Australia: reclamada en 1770 tras el descubrimiento del capitán James Cook, y Gran Bretaña estableció una colonia penal en ese vasto territorio, que se independizó en 1986.

Nueva Zelanda: Anexionada en 1840 por el Tratado de Waitangi.

Medio Oriente:

Palestina fue tomada como mandato en 1920 después de que el Imperio otomano fuera derrotado en la Primera Guerra Mundial.

Transjordania: hasta 1946.

Irak: se estableció una monarquía en 1921. Kuwait: desde 1899 hasta 1961.

Baréin, Catar y los Emiratos Árabes Unidos hasta 1961.

4. África: Prácticamente, casi la mitad del continente africano pasó, en un momento u otro, a formar parte del Imperio británico durante el siglo 19° y comienzos del 20°.

Egipto: estableció su control en 1882, especialmente después de la construcción del Canal de Suez en 1869.

Sudáfrica: desde 1795, con la captura de la Colonia del Cabo, hasta 1961, después de muchas guerras y atrocidades tanto con las tribus nativas como con los bóeres afrikáner de origen neerlandés.

Ghana: de 1874 a 1957

Sierra Leona: de 1787 a 1961

Nigeria: de 1865 a 1960

Botsuana, de 1885 a 1966

Gambia: de 1821 a 1965

Kenia: de 1895 a 1963

Uganda: de 1894 a 1962

Tanzania: de 1919 a 1961

Zambia: de 1890 a 1964

Malaui: de 1891 a 1964

Zimbabue: de 1890 a 1980

Sudán: de 1898 a 1956

Somalia: de 1884 a 1960

Lesoto: de 1868 a 1966

Suazilandia: de 1903 a 1968

Mauricio: de 1810 a 1968

Seychelles: de 1810 a 1976

Las historias de estas naciones son tan variadas como sus trayectorias hacia la colonización y la independencia, y revelan el intrincado tapiz del dominio británico en toda África.

II
EL IMPERIO BRITÁNICO Y SUS POLÍTICAS EN LOS TERRITORIOS SOJUZGADOS

Colonias norteamericanas:

Estados Unidos:

Los peregrinos del Mayflower llegaron a la costa este de América del Norte para formar una nueva sociedad; así, trajeron consigo a todas sus familias y sus bienes materiales. A diferencia de los conquistadores españoles, que llegaron en busca de fortuna y crearon una sociedad predominantemente mestiza, los peregrinos y, por extensión, las primeras 13 colonias nunca se mezclaron y tuvieron un contacto limitado con la población nativa. Simplemente la desplazaron. La Ley de Traslado Forzoso de los Indios de 1830 obligó a los cheroquis a abandonar su tierra natal y caminar hasta el desierto de Oklahoma, durante lo cual muchos perdieron la vida en el conocido "Sendero de Lágrimas". "Un buen indio es un indio muerto" es, sin lugar a dudas, la historia de los Estados Unidos, que comenzó con el Mayflower, porque no vinieron en busca de fortuna, sino a ocupar una tierra que ya estaba habitada. El gobierno estadounidense nunca respetó ningún tratado con los indios. De ahí que, si quiere encontrar nativos americanos libres, se vea obligado a mirar la frontera sur de Estados Unidos.

El Imperio británico fue despiadado al imponer su dominación en las colonias: la Matanza de Boston (1770); el cierre del puerto de Boston después de la Fiesta del Té de Boston, que trastornó la floreciente economía y trajo muchas penurias a los colonos (1774); la humillación de tener tropas británicas alojadas en las casas privadas de los colonos; el uso de mercenarios hessianos brutales y asesinos, un grupo despiadado y sádico que mataba colonos por placer; milicias leales a la Corona británica que cometieron atrocidades contra patriotas estadounidenses y pueblos indígenas que apoyaban la revolución, como las matanzas de Cherry Valley y del valle de Wyoming, donde los patriotas y sus familias fueron sometidos a horribles torturas y ejecuciones; el incendio de Charlestown (1780), que causó muchas muertes y destrucción; y, sobre todo, los elevados impuestos sin representación y la ausencia de juicios con jurado, que fueron la antorcha incendiaria de la Declaración de Independencia (4 de julio de 1776). Digamos que el comportamiento británico contra los patriotas estadounidenses podría llenar una enciclopedia.

El enfoque de los colonos independentistas hacia los nativos americanos fue una continuación del sentimiento británico de superioridad hacia otras razas sojuzgadas en todo el Imperio británico, en todos los rincones del mundo. Estos grupos eran considerados inferiores. La mentalidad imperialista solía estar arraigada en la creencia en la superioridad de la cultura, el gobierno y la civilización británicos. Todo lo que siguió a la independencia de los colonos fue consecuencia de esa mentalidad británica y explica el comportamiento de Estados Unidos hacia los indios, que, según Hollywood, no eran sino salvajes necesitados de civilización; por lo cual consideraban, como el general Philip Sheridan, que "un buen indio es un indio muerto".

Canadá:

Tras la Guerra de los Siete Años (1756-1763), Francia cedió Canadá a los británicos, lo que llevó al desplazamiento de los acadianos a Luisiana (los "cajunes") y a la llegada de lealistas estadounidenses que huyeron a Canadá para escapar de las represalias en Estados Unidos. Junto con la cultura francesa firmemente arraigada en las provincias orientales de Canadá, esto dio lugar al surgimiento de la identidad canadiense actual, en la que las lenguas y culturas inglesa y británica han establecido una cohabitación simbiótica.

El problema para los indios nativos de Canadá es una larga lista de promesas incumplidas, desplazamientos y pérdida de tierras, hasta el punto de que muchas tribus étnicas han desaparecido. Sus alianzas tanto con los franceses como con los británicos los pusieron de rodillas y fueron fundamentales para la destrucción de su cultura y, en muchos casos, para su extinción física. Por ejemplo, el establecimiento de escuelas especiales, donde miles de niños indios fueron internados para integrarlos en la cultura canadiense blanca, formó parte de este proceso. La Escuela Residencial de Kamloops, establecida en 1969 y administrada por la Iglesia católica, fue concebida para asimilar a los niños indígenas a la cultura eurocanadiense, prohibiéndoles hablar su lengua o practicar su cultura. Los informes de antiguos alumnos revelaron abusos físicos, emocionales y sexuales generalizados dentro del recinto de la escuela. Muchos niños padecieron una disciplina severa, negligencia y traumas profundos. En mayo de 2021, un georradar detectó los restos de 215 niños enterrados en tumbas sin marcar en el terreno de la escuela.

Profundas injusticias, supresión cultural y violación de derechos marcan la historia de las atrocidades contra los pueblos indígenas en Canadá. Todas estas inequidades tienen sus raíces históricas en el colonialismo británico.

El Caribe:

La presencia del Imperio británico en el Caribe comenzó a principios del siglo XVII, cuando estableció colonias en varias islas. Los británicos buscaron explotar los recursos de la región, particularmente el azúcar, que se convirtió en un importante cultivo comercial. Esto llevó al establecimiento de plantaciones trabajadas por esclavos africanos. Los británicos colonizaron islas como Barbados, Jamaica y Trinidad, y una serie de otras islas fueron incorporadas a las Indias Occidentales Británicas, en competencia con España y Francia. El establecimiento de plantaciones azucareras se convirtió en la columna vertebral de la economía caribeña británica, generando una inmensa riqueza para comerciantes y plantadores británicos.

La mancha negra de este negocio azucarero creó la necesidad de una fuerza de trabajo esclavizada, lo que dio lugar al desgarrador negocio de la trata atlántica de esclavos africanos. Incontables africanos esclavizados llevados a las colonias, así como a los futuros Estados Unidos y a América Central y del Sur, perecieron en el "Paso Medio" a través del Atlántico. Las estimaciones sugieren que al menos 1,8 millones de los 12,5 millones de esclavos africanos murieron durante la travesía atlántica. Las condiciones a bordo de los barcos negreros eran inhumanas, horribles, brutales e incluso repugnantes de describir: apiñados como animales en las bodegas de los barcos, sin espacio para moverse, con ventilación inadecuada y acceso limitado a comida y agua. Muchos sufrieron enfermedades, desnutrición y abusos brutales durante la larga travesía, lo que provocó elevadas tasas de mortalidad. Quienes sobrevivían no corrían mejor suerte, pues diversos cuerpos legales, que los consideraban propiedad, los sometían a malos tratos y a una regulación arbitraria de sus movimientos. Estas leyes permitían a sus dueños comprar, vender y heredar personas esclavizadas. El Código de Esclavos de Barbados (1661), la Ley de Esclavos de Jamaica (1733), el Código de Esclavos de Antigua (1735) y el Código de la Compañía Real Africana (1660) todos permitían la deshumanización de los esclavos. Diversas rebeliones contra estas leyes acarrearon muchas matanzas y duros castigos, como la Guerra Bautista en Jamaica (1831-1832) y la Revolución haitiana (1831). La represión de estas rebeliones fue sangrienta y brutal.

Debe señalarse que muchas otras naciones occidentales participaron en la trata de esclavos: Portugal, España, los Países Bajos, Francia y Dinamarca. Sin embargo, el trato a los esclavos variaba según las leyes de los distintos gobiernos.

III
EL IMPERIO BRITÁNICO EN ASIA

China:

La historia de China es un vasto e intrincado tapiz, que abarca miles de años e incluye numerosas dinastías, avances culturales y acontecimientos significativos.

La psique china, sus principios culturales y su historia están íntimamente vinculados con su ideología ética, religiosa y filosófica. El confucianismo sigue siendo evidente en la dinámica política actual. El confucianismo hace hincapié en el liderazgo moral, en el gobernante como guardián benévolo y en las virtudes de la honestidad y la integridad. Esto ha dado lugar a una narrativa que enfatiza la estabilidad, la armonía y la necesidad de un gobierno fuerte y ético que priorice el bienestar del ciudadano. Esto está profundamente arraigado en la filosofía de las dinastías anteriores y en el actual PCCh. Es la forma en que la psique china concibe las relaciones interpersonales, familiares y comunitarias, y sabe bien lo que no debe ser.

Confucio (551-479 a. C.), una figura clave de la filosofía china, subrayó los valores morales, la armonía social y la importancia de la educación. Sus enseñanzas se centraban en la ética tanto de la vida personal como de la vida política, fomentando virtudes como la piedad filial y la benevolencia.

Laozi (siglo VI a. C.) es el fundador del taoísmo, o daoísmo, y el autor del "Dao De Jing", en el que subraya vivir en armonía con el Dao (la razón y el camino) y con el orden natural del Universo. Sus enseñanzas propugnan la simplicidad, la humildad y la no violencia, e influyeron de manera significativa en la espiritualidad y la cultura chinas. Muchos otros filósofos, a lo largo de la historia, han moldeado la psique china. Uno de ellos es Sun Tzu, autor del conocido "El arte de la guerra", en

el que destaca un pasaje: "Si te sientas junto al río el tiempo suficiente, verás pasar flotando los cadáveres de tus enemigos". El proverbio refleja una creencia profundamente arraigada en el karma. La noción fomenta la paciencia y la vigilancia, sugiriendo que el tiempo revelará la verdad y que la justicia acabará prevaleciendo, incluida la justicia impartida al canalla.

Cuando Occidente aún estaba en el Neolítico, los chinos ya habían inventado la metalurgia del bronce, el arado de hierro, la ballesta, la fabricación de papel, el sismógrafo, la carretilla y, en la Alta Edad Media occidental, ya habían construido la Gran Muralla, inventado la brújula, el molino de agua, la seda, la imprenta de tipos móviles, la pólvora, el papel moneda, la porcelana, la medicina tradicional y herramientas agrícolas. Todos esos inventos transformaron el mundo. Occidente seguía profundamente sumido en la Edad Oscura y tuvo que esperar más de mil años al Renacimiento y algunos siglos más a la Ilustración para descubrir el significado de la ciencia.

Esta es la nación que el Imperio británico invadió durante las "Guerras del Opio", lo que condujo al "Siglo de la Humillación" para los chinos.

La nación de Confucio, Laozi y Sun Tzu es la que ahora contemplamos con asombro mientras lidera la economía mundial. La nación que jamás olvidará semejante humillación y la que acuñó el proverbio de Sun Tzu, como ya se ha citado.

Las Guerras del Opio

Causas:

A comienzos del siglo XIX, existía un importante desequilibrio comercial entre China y Gran Bretaña. Los británicos importaban grandes cantidades de té, seda y porcelana de China, lo que producía una considerable salida de divisas británicas hacia China. Los comerciantes británicos trataron de corregir el déficit comercial introduciendo de contrabando opio desde la India controlada por los británicos. El opio era altamente adictivo y la demanda en China se disparó. La Compañía Británica de las Indias Orientales desempeñó un papel importante en ello, lo que condujo a una adicción generalizada en China, provocó un grave malestar económico y social y afectó negativamente a la productividad.

La dinastía Qing, preocupada por los efectos nocivos del opio sobre su pueblo y su economía, tomó medidas para reprimir el comercio y nombró a Lin Zexu para hacer cumplir la prohibición de su importación. Confiscó y destruyó una cantidad considerable de opio en Cantón (Guangzhou), provocando el resentimiento de los comerciantes británicos.

La postura de Lin Zexu, que incluía bloquear puertos y expulsar a los comerciantes extranjeros, elevó las tensiones entre China y Gran Bretaña, culminando finalmente en la "Primera Guerra del Opio" y en un choque de civilizaciones. Mediado el siglo XIX, las potencias occidentales practicaban un imperialismo agresivo. Prevalecía la creencia en la superioridad de la cultura y la tecnología occidentales, lo que llevó a muchas naciones a expandir su influencia en Asia. Esa mentalidad explica las Guerras del Opio.

La Primera Guerra del Opio entre Gran Bretaña y China (1839-1842) concluyó con la firma del Tratado de Nankín, que impuso duras condiciones a China, entre ellas:

El Tratado de Nankín marcó el inicio de una serie de "tratados desiguales" que erosionaron la soberanía de China y abrieron el país a la influencia y el control extranjeros. Los chinos consideran este tratado como el comienzo del ignominioso ***"Siglo de la Humillación".***

Segunda Guerra del Opio: La reacción china ante un tratado tan humillante dio lugar a otra guerra del opio (1856-1860), destinada a ampliar aún más los intereses y la influencia occidentales en China. Francia y, más tarde, Rusia y Estados Unidos tomaron parte, aunque con participación menor. Surgieron problemas a raíz del primer Tratado de Nankín debido a que China no lo hacía cumplir y a las restricciones chinas al comercio exterior. Los británicos, económicamente dependientes del comercio del opio, estaban decididos a proteger sus intereses en él a cualquier precio.

Los británicos exigieron que China otorgara a Gran Bretaña pleno reconocimiento diplomático y estableciera consulados en ciudades clave. La renuencia del gobierno Qing a satisfacer estas exigencias llevó a Gran Bretaña y Francia a apoderarse de la provincia de Cantón en 1856 y 1858, respectivamente. Gran Bretaña lanzó una serie de asaltos anfibios a lo largo de la costa, hasta avanzar finalmente hacia Pekín. Esta ofensiva culminó en el Tratado de Tianjin, que abrió puertos adicionales para los británicos y legalizó el comercio del opio. La negativa de la dinastía Qing a ratificar el tratado y a aceptar embajadores extranjeros en Pekín sirvió de excusa para avanzar, tomar Pekín y quemar el magnífico Palacio de Verano (casi un museo nacional de la historia y la cultura chinas), que fue saqueado y destruido. Este comportamiento traicionero de las potencias occidentales intensificó el resentimiento que más tarde alimentaría un movimiento nacionalista encaminado a recuperar la soberanía y revisar los tratados desfavorables. Las consecuencias de este conflicto resonaron a lo largo de la historia de China, influyendo en su trayectoria hacia la era moderna y reconfigurando sus complejas relaciones con las potencias extranjeras, sobre todo occidentales.

El comportamiento abominable del Imperio británico en China y en India difícilmente puede describirse adecuadamente en términos humanos. No hay palabras para expresar la profundidad de atrocidades tan indecibles.

Incluso en Gran Bretaña, el Daily News del 2 de enero de 1857 escribió:

"Es un hecho espantoso que, para vengar el orgullo herido de un funcionario británico y castigar la audacia de un gobernador asiático, prostituyamos nuestras fuerzas armadas en la triste y perversa tarea de llevar hierro y fuego, desolación y muerte a los hogares pacíficos de hombres y mujeres inofensivos, que hemos invadido. Sea cual sea el resultado del bombardeo de Cantón, el hecho es en sí mismo vergonzoso y perverso, un descarado despilfarro de vidas humanas..."

El bombardeo de Cantón causó miles de muertes, y en Tcheng-Kian, 1.500 soldados chinos se quitaron la vida después de estrangular a sus esposas e hijos para evitar caer prisioneros de los británicos.

En otro artículo publicado en el ***New York Tribune*** (20 de septiembre de 1858), Marx cita a Montgomery Martin, que escribe:

"El comercio de esclavos fue piadoso en comparación con el del opio... el traficante de opio mata el cuerpo, después de haber degradado el ser moral de sus víctimas".

Antes de la introducción del opio, los campesinos chinos eran como niños inocentes, obedientes a las arraigadas doctrinas de la honestidad confuciana y al respeto de Laozi por el dharma y el Dao (la razón). La sociedad vivía en paz y en armonía con el entorno y con sus tradiciones de respeto por la autoridad y la conducta social. El opio fue el veneno que no podían imaginar. Si hemos de encontrar una analogía, la Biblia nos ofrece una: el Jardín del Edén y su pérdida por el simple hecho de morder una manzana. Lin Zexu escribió una carta a la Reina Victoria en la que reprendía a los británicos por su papel en el comercio del opio, destacando el daño moral y social que estaba causando en China. Señaló la hipocresía de los británicos, que prohibían el comercio del opio en su propio país, pero se beneficiaban de su venta en China, que hacia 1830 tenía entre 10 y 12 millones de adictos, el 10 % de la población china, al tiempo que eso paralizaba su economía. La realidad es que China quedó totalmente devastada por ese comercio, que además hizo inmensamente ricas a algunas de las familias más prominentes de Estados Unidos, como los Astor, los Delano, los Forbes, los Perkins, los Cabot y los Russell. Todos se convirtieron en filántropos y financiaron la "Skull and Bones" de Yale, Harvard y otras instituciones. Aunque el opio estaba prohibido en Estados Unidos, la venta a China era el negocio que más dinero daba.

El énfasis de China en la educación tiene raíces profundas e intemporales, desde Confucio y Laozi, siglos antes de Cristo, hasta la China moderna. El estudio de la historia está profundamente arraigado en la juventud china, al igual que las enseñanzas de los antiguos filósofos que subrayan las leyes del karma. A diferencia de Occidente, que parece no advertir o no querer aprender de la historia, los chinos aprenden del pasado para afrontar el presente. Y tienen buena memoria.

Mao escribió: "Que florezcan cien flores, que compitan cien escuelas de pensamiento"; también "La educación debe servir a la política" y "La historia es un arma". Xi Jinping: "La historia es el mejor libro de texto". Li Keqiang: "La educación es la piedra angular de una nación. Es la clave de un futuro mejor."

Si observamos la China actual y su postura política, veremos que los chinos están profundamente compenetrados con su historia y han aprendido mucho de ella. Nunca olvidarán el "Siglo de la Humillación".

Hay abundantes libros sobre este tema tan controvertido. El lector interesado puede encontrarlos fácilmente en Internet; sin embargo, aquí figuran algunos que he consultado:

"Penumbra imperial: la Guerra del Opio y el fin de la última edad de oro de China" de Stephen R. Platt (Knopf, 15 de mayo de 2018)

"Guerra del opio: drogas, sueños y la formación de China" de Julia Lovell (Abrams Press, 10 de noviembre de 2015)

"Las guerras del opio: la adicción de un imperio y la corrupción de otro" de W. Allyn McNeil (Sourcebooks, 1 de febrero de 204)

Estos libros y muchos otros estudios ofrecen perspectivas equilibradas tanto sobre la lógica imperial británica como sobre el profundo impacto que estos acontecimientos tuvieron en China.

India:

Para comprender plenamente dónde y cómo el Imperio británico persiguió sus intereses económicos y geopolíticos, es necesario conocer la historia de la India, que comenzó en el Valle del Indo hacia 3500 a. C. La civilización del Valle del Indo ha salido a la luz en las ruinas arqueológicas de dos ciudades fundamentales, en el actual Pakistán (Sindh) y el norte de la India: Mohenjo-Daro y Harappa (ambas entre aproximadamente 3300 y 1300 a. C.). Su sofisticado dominio del urbanismo, la ingeniería, la arquitectura y la agronomía, junto con su desarrollo cultural, principalmente durante el período védico (que incluye las filosóficas Upanishads), ofrece pistas sobre la sociedad con la que los británicos se encontraron al llegar a la India. Como en el caso chino, esta vasta masa continental fue sede de ideas que arraigaron profundamente en el subconsciente colectivo virtudes como la integridad personal, la humildad, la armonía, el equilibrio psíquico y el dharma (deber, rectitud), todas difundidas por el Príncipe Siddharta Gautama, alias Sakya Muni, más conocido como el Buda (Nepal, 563-566 a. C.), fundador de la tercera religión más admirada del mundo en la actualidad. Las gestas épicas de esta civilización, escritas en sánscrito (lengua de la que proceden la mayoría de las consonantes raíz de nuestras lenguas) por Valmiki, incluyen el Mahabharata (400 a. C.), el Ramayana (siglos V a IV a. C.) y los primeros textos de los Puranas (500 a. C.), que son fuentes indispensables para comprender la cultura y las tradiciones de la India.

El Imperio británico en la India comenzó cuando comerciantes británicos, representados principalmente por la Compañía de las Indias Orientales, establecieron bases en ciudades costeras como Bombay, Calcuta y Madras en el siglo XVII. Estos centros acabaron allanando el camino para una implicación política y militar más profunda. Con el tiempo, la Compañía de las Indias Orientales pasó de ser una empresa puramente comercial a convertirse en una potencia territorial. El debilitamiento del Imperio mogol creó un vacío de poder que la compañía explotó aliándose con gobernantes locales y expandiendo gradualmente su territorio mediante la diplomacia y la fuerza militar. En 1756, Siraj ud-Daulah ascendió al trono de Bengala, el territorio más rico de la India en aquel momento. Cuando este joven raj (rey) intentó afirmar su autoridad y reducir la influencia de la Compañía de las Indias Orientales, las tensiones se agravaron y acabaron conduciendo a la Batalla de Plassey. Tras prometer a Mir Jafar una posición de poder, el dirigente del Raj, en lugar de luchar contra los británicos, los apoyó, y la batalla se perdió. Los británicos tomaron el control de Bengala, cuyos recursos fueron explotados extensamente en beneficio de la economía británica. Esta victoria marcó el comienzo de la implicación directa británica en la política de la región, pues los británicos anexionaron territorios adicionales y concertaron alianzas subsidiarias con gobernantes indios. El momento decisivo llegó con la Rebelión de los cipayos (soldados indios reclutados en las fuerzas británicas) en 1857. Los cipayos eran considerados soldados de segunda clase y eran tratados con desprecio. El levantamiento fue aplastado con una brutalidad inimaginable, que incluyó la quema de aldeas y la ejecución indiscriminada de cipayos y civiles, con la muerte de muchos miles. Este acontecimiento abrió el camino a la lucha de la India por la independencia. Sin embargo, la India sí recuperó su soberanía el 15 de agosto de 1947, pero no antes de que todos estos acontecimientos y brutalidades tuvieran lugar durante los 200 años de intervención británica, que abarcaron estos distintos periodos:

Estos son los hechos sobre el dominio británico:

Lo mismo ocurrió con el algodón, que tenía una larga historia en la India. La región era conocida por sus textiles y por una próspera industria de telares manuales que producía tejidos para los mercados mundiales. Las políticas británicas alteraron drásticamente los sectores tradicionales. El gobierno colonial fomentó la importación de textiles británicos e impuso aranceles que socavaron las industrias locales de telares manuales y del algodón. Sin embargo, el

algodón de la India se cultivaba cada vez más para exportarlo a Gran Bretaña, donde era procesado y reexportado a la India y a otros países; esto redujo las oportunidades de los tejedores y artesanos indios, conduciendo a la desindustrialización de la India.

Tanto la sal como el algodón se convirtieron en símbolos (el **chakra** de Gandhi, o rueda de hilar, está incorporado hoy en la bandera de la India) de la resistencia de la India al colonialismo británico.

La brutalidad del dominio colonial sigue siendo objeto de profundo análisis histórico. Para muchos indios, estos hechos no son meros episodios de crueldad y violencia, sino símbolos de un sistema más amplio de explotación y deshumanización, que configura la memoria colectiva y el relato de la identidad nacional. La idea fundamental del enfoque de los gobernantes coloniales británicos hacia la clase inferior sometida, los indios, queda fielmente

reflejada en esta cita de Francis G. Hutchins ("La ilusión de la permanencia" (páginas 53-58):

"Nadie puede valorar muy altamente las cualidades morales e

intelectuales de personas entre las que reside con el único propósito de obtener de ellas un beneficio pecuniario".

Además, en "Herramientas de historia: el impacto letal del dominio británico en la India. Análisis comparativo." (26 de mayo de 2024)

"El dominio de casi dos siglos del Imperio británico sobre la India tuvo consecuencias de gran alcance y devastadoras que superaron el impacto de las fuerzas colonizadoras anteriores. Mientras que invasores previos a menudo se establecían en la India e invertían allí su riqueza, el objetivo principal del Imperio británico era extraer recursos y riqueza de la India para beneficio de Gran Bretaña, lo que condujo a una explotación sistemática, a la erosión de su economía tradicional y al empobrecimiento de ***su población."***

Sin embargo, nadie expresó mejor el dominio del Imperio británico en la India que Richard Napier, citado por Edward Rice en su libro "Capitán Sir Richard Francis Burton" (Grand Central Publishing, 2001). Richard Napier, teniente general de Sindh (Pakistán), dijo lo siguiente:

"Nuestro propósito al conquistar la India, el objetivo de todas nuestras crueldades... no fue otro que el dinero. Se dice que Gran Bretaña obtuvo alrededor de mil millones de libras de plata en los últimos noventa años (1756-1846). Cada uno de los chelines ha sido adquirido de un charco de sangre ...Sin embargo, por mucho que se blanquee ese dinero, esa maldita 'mancha" nunca desaparecerá. (*E. Rice, op. cit.* 106)

Según algunas estimaciones, entre 40 y 50 millones de súbditos de Su Majestad, la Reina Victoria, murieron de inanición en la India, y un reportero de ***IPS (Inter Press Service***) *escribió el 11 de agosto de 1997:*

"Medio siglo después de que la noticia fuera censurada, la televisión británica dijo la verdad sobre la hambruna que padeció Bengala, que se cobró aproximadamente entre 3 y 5 millones de vidas. Esta revelación ensombreció la celebración del centenario de la Independencia de la India, el 15 de agosto de 1947, porque fue una tragedia que podría haberse evitado." Y continúa:

"El Imperio británico ocultó a la percepción pública sus asesinatos masivos y su genocidio. El Holocausto nazi segó deliberadamente la vida de seis millones de judíos, y la conciencia humana no lo ha olvidado; sin embargo, una tragedia similar fue la hambruna de Bengala, pero había sido ocultada al conocimiento público y a la conciencia humana".

Si hay alguna duda sobre la imparcialidad de este relato, sugiero al lector que examine los muchos libros sobre la cuestión. He aquí algunos entre muchos:

"Una era de oscuridad: el Imperio británico en la India" de Shashi Tharoor (27 de octubre de 2016).

"El Raj británico" de Jon Wilson (13 de noviembre de 2018).

"India: una historia" de John Keay (10 de abril de 2001).

Ficción:

"Pasaje a la India" de E. M. Forster (4 de junio de 1924).

"Hijos de la medianoche" de Salman Rushdie (Random House, 4 de abril de 2006).

Tanto las narraciones de ficción como las de no ficción ofrecen una comprensión completa y matizada del legado del Imperio británico en la India. Si busca comprender las complejidades políticas o las ramificaciones culturales, estos libros son joyas que invitan al lector a reflexionar sobre este importante periodo histórico y a adquirir una comprensión profunda de la cuestión.

Trazado de fronteras

Todos los conflictos que siguieron a la independencia de la India, como la separación del estado musulmán de Pakistán del estado hindú de la India, fueron casi apocalípticos y sangrientos en sí mismos, y desencadenaron una de las migraciones más grandes y violentas de la historia humana. Se calcula que 15 millones de personas fueron desplazadas. Los musulmanes emigraron a Pakistán, mientras que los hindúes y los sijes se trasladaron a la India. Este movimiento masivo estuvo plagado de peligros.

A Sir Cyril Radcliffe se le encomendó la monumental tarea de dividir el subcontinente indio en dos naciones independientes sobre la base de la demografía religiosa. Eso ocurrió dos días después de que la India se independizara (17 de agosto de 1947). El problema era que Radcliffe nunca había visitado la India y se le dieron solo cinco semanas para completar la línea de demarcación, basándose únicamente en los mapas existentes y en los datos demográficos. La línea partió en dos dos grandes provincias, Punjab en el oeste y Bengala en el este. Esta partición trazada apresuradamente vino acompañada de una violencia intercomunitaria generalizada, que causó la muerte de más de 2 millones de personas. El carácter arbitrario de la frontera y la posterior división de las comunidades han seguido siendo una fuente de tensión y conflicto entre la India y Pakistán. Otra más es

Cachemira: Mientras los británicos se preparaban para abandonar la India, concedieron a los estados principescos, entre ellos Jammu y Cachemira, la opción de adherirse a la India o a Pakistán, o de permanecer independientes.

El maharajá de Jammu y Cachemira, Hari Singh, era un gobernante hindú de un estado de mayoría musulmana y buscó la independencia para Cachemira. Sin embargo, las tribus pastunes paquistaníes invadieron Cachemira y obligaron al maharajá a incorporar Jammu y Cachemira a la India. La India envió sus tropas a Cachemira, y Pakistán también envió las suyas. Esto condujo a una confrontación sangrienta con muertos en ambos bandos. El conflicto llevó a la intervención de la ONU, y se declaró un alto el fuego el 1 de enero de 1949. Cachemira quedó dividida entre la India y Pakistán; no obstante, la región de Cachemira sigue siendo un territorio muy volátil y disputado.

Pakistán-Afganistán: otra frontera enmarañada por los británicos y sus consecuencias es la Línea Durand, que divide a estos dos países y ha sido escenario de escaramuzas hasta el día de hoy. Fue establecida en 1893 mediante un acuerdo entre Sir Henry Mortimer Durand, secretario del Gobierno de la India británica, y Abdur Rahman Jan, emir de Afganistán. Formaba parte de un "Gran Juego" más amplio entre los imperios británico y ruso por influir en Asia Central. Esta línea sigue siendo el origen de confrontaciones, escaramuzas y disputas continuas entre ambos países, porque fue trazada bajo coacción y dividió injustamente a los grupos étnicos pastunes. La línea se extiende a lo largo de unas 1.640 millas; sin embargo, no se demarcó completamente en toda su longitud, y ha sido un punto de disputa y de choques periódicos.

La naturaleza arbitraria de estas fronteras, que no tienen en cuenta a los grupos étnicos, culturales y lingüísticos ni la opinión de los habitantes, ha

sido y sigue siendo el origen de muchos conflictos y, en ocasiones, de confrontaciones desastrosas.

Recomiendo los siguientes análisis (libros) sobre el trazado de estas líneas fronterizas: las líneas Durand y Radcliffe.

"El Gran Juego: la lucha por el imperio en Asia Central" de Peter Hopkirk (Kodansha, 1997).

"Prisioneros de la geografía: los mapas que explican todo sobre este mundo" de Tim Marshall (Elliott &Thompson Limited, 2025).

"La partición de la India" de C. H Phillips y Mary Doreen Wainwright (George Allen & J.D. Unwin Ltd 1970).

"Libertad a medianoche" de Larry Collins y Dominique Lapierre (Simon & Schuster, 1975).

"Las furias de la medianoche: el legado mortal de la partición de la India" de Nisid Hajari (Amberley Publishing, 2017).

"La anarquía: la Compañía de las Indias Orientales, la violencia corporativa y el saqueo de un imperio" de William Dalrymple (Bloomsbury Publishing, 2019).

"Revisando la Línea Durand: perspectivas históricas y jurídicas" de Lutfur Rehman (Pak American Commercial Inc, 2016).

"Historia de la delimitación de la Línea Durand: desarrollo del Estado afgano" de Zalmay Ahmad Gulzad (Universidad de Wisconsin- Madison, 1991).

Todas estas obras ofrecen perspectivas críticas sobre cómo las potencias coloniales trazaron fronteras con poca o ninguna consideración por las realidades étnicas, culturales y políticas existentes sobre el terreno, lo que condujo a décadas de conflicto e inestabilidad.

Los capítulos de la historia del Imperio británico se abordan en un capítulo aparte porque muchos millones de personas tuvieron que migrar a su nueva nación, lo que entrañó penalidades abrumadoras, muertes, masacres e inanición de proporciones épicas.

Los británicos en Birmania (Myanmar): La implicación británica en Birmania (Myanmar) constituye una historia compleja, que abarca varios conflictos y periodos de ocupación. Su desarrollo comprendió varias etapas cronológicas, como sigue:

Primera guerra anglo-birmana (1824-1826). Fue desencadenada por el comercio terrestre y marcó el comienzo de la implicación británica en los asuntos birmanos. El control británico provocó un resentimiento considerable entre los birmanos, y durante el conflicto se cometieron atrocidades. A esta le siguió:

Segunda guerra birmana (1852-1853): Fue resultado de tensiones derivadas de cuestiones comerciales y de la resistencia a la injerencia británica. Los británicos capturaron Yangón (Rangún) y anexionaron la Baja Birmania. Durante y después del conflicto, hubo denuncias de violencia contra civiles birmanos, destrucción de bienes y numerosas reubicaciones forzosas.

La tercera guerra birmana (1885): Condujo a la anexión completa de Birmania al Imperio británico. Comenzó cuando los británicos buscaron unificar sus territorios en la India. Tras la anexión, Birmania fue gobernada como una provincia de la India británica hasta 1937, cuando se convirtió en una colonia separada.

Los cambios que trajeron consigo los británicos estuvieron acompañados de explotación y de desprecio por las costumbres y las formas de gobierno locales.

Las atrocidades incluyeron trabajo forzoso e impuestos, lo que provocó revueltas entre la población birmana. Su represión dio lugar a violentas

campañas represivas y duras represalias, con el resultado de más de 100.000 víctimas. El legado de estos conflictos sigue sintiéndose hoy en las luchas continuas de Myanmar por la democracia y la justicia. En esencia, el periodo británico en Birmania estuvo marcado por la conquista, el control administrativo, la explotación económica y, en última instancia, por el catalizador del auge del

nacionalismo birmano que condujo a la independencia en 1948.

IV

EL IMPERIO BRITÁNICO EN AUSTRALIA Y OCEANÍA

Australia:

Mucho antes de la llegada de los británicos, Australia estaba habitada por pueblos indígenas desde hacía al menos 65.000 años. Tenían culturas diversas, lenguas y ricas tradiciones.

A comienzos del siglo XVII, los exploradores neerlandeses estuvieron entre los primeros europeos en llegar a la costa australiana, especialmente Willem Janszoon y Abel Tasman. Antes que los neerlandeses, sin embargo, los españoles fueron los primeros en descubrir Australia, aunque no su interior. Solo alcanzaron la costa de Queensland cuando Luis Váez Torres desembarcó en 1606. Torres dejó su nombre en el estrecho que separa Australia de Nueva Guinea, y que él cartografió. Es reconocido como uno de los europeos que mantuvieron un contacto significativo con la costa australiana.

En 1770, el capitán James Cook reclamó el este de Australia para Gran Bretaña, dándole el nombre de Nueva Gales del

Sur. Sus informes sobre tierras fértiles y recursos despertaron el interés británico.

El comienzo formal de la colonización británica se produjo en 1788, cuando la Primera Flota, compuesta por 11 barcos, llegó a la Bahía de Botany y estableció la colonia penal. La Bahía de Sídney fue elegida como lugar del asentamiento.

La colonia creció rápidamente, con la llegada de colonos libres junto con los presidiarios. Se establecieron otras colonias, entre ellas Tasmania (Tierra de Van Diemen), Australia Occidental y Australia Meridional.

Impacto sobre los pueblos indígenas: la llegada de los británicos tuvo efectos devastadores sobre las comunidades aborígenes, incluidos el desplazamiento, la violencia y la introducción de enfermedades que redujeron drásticamente su número. Se estima que había aproximadamente 1 millón de aborígenes en Australia cuando los británicos comenzaron sus asentamientos. La población nativa disminuyó un 80 % poco después, debido a las «Masacres de las Fronteras Coloniales», que incluyeron 438 masacres y un total de 10657 víctimas entre los nativos del interior y los isleños del estrecho de Torres. Además, la expulsión forzosa de las tierras tradicionales también contribuyó a un severo descenso de la población debido a la pérdida de acceso a los recursos.

La magnitud de la violencia cometida contra el pueblo aborigen provocó una profunda desarticulación social y cultural que sigue resonando «en las antípodas» hasta el día de hoy. Comprender estas cifras revela el trágico contexto histórico de los australianos indígenas y la conducta de las potencias coloniales británicas.

Tasmania:

La colonización de Tasmania, también conocida como Tierra de Van Diemen, implicó intensas y trágicas interacciones entre colonos británicos y la

población tasmana. Aunque el primer europeo que pisó Tasmania en 1642 fue el neerlandés Abel Tasman, no fue hasta 1803 cuando los británicos establecieron una colonia penal en la isla. Se estima que la población de Tasmania antes de la colonización oscilaba entre 5.000 y 10.000 personas. Tenían una rica cultura vinculada a la tierra, con diversos clanes y lenguas.

A medida que se expandía el asentamiento británico, el conflicto con los indígenas tasmanos se hizo más frecuente. Los colonos se involucraron en enfrentamientos violentos, que desembocaron en masacres. Una masacre destacada fue la masacre de Rissdon Cove (1804), en la que un gran número de tasmanos fue asesinado en represalia por el supuesto robo de una oveja de un colono blanco.

Guerra Negra: el período más intenso del conflicto, que se prolongó desde comienzos de la década de 1820 hasta mediados de la de 1830. Este conflicto implicó una violencia generalizada contra los nativos. Colonos armados, junto con tropas gubernamentales, lanzaron numerosos ataques contra comunidades indígenas. Los relatos históricos indican que muchas comunidades afrontaron un exterminio casi total, reduciendo de manera significativa a la población indígena.

Genocidio sistemático y atrocidades: a medida que la violencia se intensificó, el gobierno colonial adoptó políticas para expulsar a las poblaciones indígenas. Muchos fueron trasladados por la fuerza a asentamientos o reservas. Una de ellas fue la reserva de la isla Flinders, adonde fueron reubicados muchos de los indígenas tasmanos que quedaban, alterando en última instancia sus prácticas culturales y su lengua.

Supresión cultural: El enfoque colonial implicó esfuerzos sistemáticos por borrar las culturas, lenguas e identidades indígenas, tratándolas a menudo como obstáculos para el progreso.

Descenso de la población el desplazamiento de sus c: A finales de la década de 1830, la población indígena de Tasmania había sido diezmada, con estimaciones que sugerían un descenso de hasta el 90 % debido a la violencia, las enfermedades y la violencia.

Nueva Zelanda:

Aunque el explorador y colono neerlandés Abel Tasman fue el primer

europeo en poner pie en lo que hoy se llama Nueva Zelanda ("NZ") en 1642, los británicos establecieron su dominio sobre la isla a comienzos del

siglo XIX, tras la llegada del capitán James Cook en 1769.

Poco después, cazadores de focas y balleneros británicos comenzaron a visitar Nueva Zelanda. La introducción de bienes británicos transformó la sociedad maorí, dando lugar tanto al comercio como, sobre todo, al conflicto. En 1839 se creó la Compañía de Nueva Zelanda para establecer asentamientos británicos. Su objetivo de comprar tierras a los maoríes a menudo dio lugar a disputas y malentendidos sobre la propiedad de la tierra.

Tratado de Waitangi (1840): fue firmado entre la Corona británica y los jefes maoríes. El tratado pretendía ostensiblemente reconocer al pueblo maorí derechos sobre sus tierras, al tiempo que otorgaba a los británicos el derecho a asentarse y gobernar. La interpretación del Tratado provocó graves tensiones en torno a la tierra y la soberanía. Muchos maoríes sintieron que habían sido engañados sobre los términos del Tratado, ya que los colonos británicos desoyeron a la Corona e iniciaron una expansión colonial de tierras que erradicó muchos derechos maoríes. Con el tiempo, los británicos hicieron la guerra al pueblo maorí en varias ocasiones entre 1845 y 1878. Estas guerras fueron decisivas para configurar el gobierno de Nueva Zelanda y rebajar el estatus de la comunidad maorí. El pueblo maorí no tuvo otra opción que combatir, pese a estar en inferioridad numérica y sufrir la brutalidad británica, incluidas la confiscación de tierras y las políticas de tierra quemada que destruían cosechas y aldeas para debilitar la resistencia maorí. El sitio de

Ōrākau (1864), donde cientos de maoríes desafiaron fuerzas abrumadoramente superiores, provocó graves bajas, incluidas mujeres y niños. Las elevadas bajas maoríes se debieron al reclutamiento forzoso, los asesinatos selectivos y la introducción de enfermedades asociadas a la colonización.

Las complejidades de la guerra y sus secuelas siguen siendo objeto de debate en la historiografía actual de Nueva Zelanda y en el movimiento por los derechos maoríes. Las guerras no fueron solo una cuestión de cifras; tuvieron importantes repercusiones culturales y sociales para ellos y sus comunidades.

En el Pacífico: El Imperio británico también colonizó pequeñas islas del Océano Pacífico (Tonga, Fiyi, Kiribati, Tuvalu, las Salomón y las Nuevas Hébridas, conjuntamente con Francia) y siguió el mismo patrón que en Nueva Zelanda y otras colonias: desplazar a los nativos mediante la confiscación de tierras, explotar sus recursos naturales y utilizarlos en régimen de servidumbre por contrato o de trabajo forzoso. Esto provocó numerosas rebeliones y actos de brutalidad por parte de las fuerzas británicas. Como era de esperar, en esas colonias arraigó el nacionalismo y condujo a la independencia. Australia y Nueva Zelanda todavía administran algunas de esas islas. La única que queda de lo que antaño fue el Imperio británico es la isla Pitcairn, todavía habitada por los descendientes de los amotinados del HMS Bounty.

V
EL IMPERIO BRITÁNICO Y LOS PAÍSES DE ÁFRICA OCCIDENTAL

El mapa de África estaba lleno de puntos que marcaban dónde se habían apoderado los británicos, colonizando muchas naciones ya mencionadas en el Capítulo I de este ensayo. África, después de Asia, es el segundo continente más grande de la Tierra, y la carrera por repartirse sus recursos ("el reparto de África" - Conferencia de Berlín 1884-1885) sentó las bases de los problemas de África con las potencias europeas colonizadoras, que fueron acordados en la "Conferencia de Berlín" de 1884-1885.

Una IA inteligente ha comparado el reparto de África con una reunión de ratas y ratones en torno a una mesa cargada de distintos quesos, y dice así:

"A la tenue luz de una cámara subterránea, una gran mesa se extendía ante una abigarrada cuadrilla de ratas y ratones, cuyos ojos ansiosos relucían de ambición. La mesa era un despliegue opulento, ricamente adornado con ruedas de queso: cheddar curado, brie cremoso y azul intenso, cada uno un premio a la espera de ser reclamado."

En torno a este festín, los roedores reunidos- (las naciones europeas occidentales)-murmuraban excitados, con sus diminutas patas temblando de

expectación. La vieja rata- (el Imperio británico)- curtida por experiencias previas en todo el mundo, sabia y astuta, presidía en la cabecera, con los bigotes estremeciéndose mientras golpeaba con una zarpa nudosa para reclamar atención: 'dividamos esta abundante tierra de queso" declaró, mientras su voz se abría paso entre la multitud acallada, resonando como un susurro conspirativo en las sombras. Mientras tramaban y planeaban, la camaradería era palpable, pero también lo era la tensión; cada mirada esperanzada guardaba un destello de rivalidad. Cada pequeña criatura soñaba con reclamar el rincón más grande de la mesa, imaginándose señores del queso, mientras viejos agravios se agitaban bajo la superficie.

Con cada mordisqueo de cheddar y cada bocado de brie, trazaban sus dominios, dividiendo las suculentas tierras en una danza caótica de negociaciones. Los ratones, de ojos brillantes y mentes ágiles, se deslizaban por los bordes, mientras las ratas, robustas y decididas, trazaban sus territorios con un brillo de astucia.

'Aquí yace el valle del Gouda', susurró uno, señalando con una zarpa. 'Y allá, la montaña de Roquefort, lista para ser tomada.'

Poco se daban cuenta, mientras troceaban diligentemente este tentador festín, de que, aunque el queso prometía sustento y seguridad, su arreglo no era más que una fina pátina sobre las tumultuosas mareas que vendrían después. Así como la Conferencia de Berlín había sellado en otro tiempo el destino de las naciones, esta reunión de roedores, con el queso como botín, presagiaba las alianzas cambiantes y las rivalidades que frustrarían sus más vivas esperanzas y apagarían sus sueños más dulces.

Esta es una analogía de lo que realmente tuvo lugar en Berlín en 1884. Pero tres siglos antes, la colonización ya había comenzado para el Imperio británico y para los franceses, portugueses, neerlandeses y otros actores

menores (Italia y España). Los actores principales eran Gran Bretaña, Francia, Alemania, Bélgica y Portugal. La Conferencia de Berlín sobre África, que no invitó a ningún líder indígena africano, trajo consigo:

-el desplazamiento de los pueblos indígenas

-la explotación económica de los recursos, con escaso beneficio para la población local,

-represiones brutales, que llegaron hasta el genocidio de los nativos, ya diezmados y debilitados por la trata de esclavos previa.

El reparto de África:

Convocada por el canciller alemán Otto von Bismarck, la Conferencia de Berlín (1884-1885) buscó regular la colonización europea y el comercio en África.

La conferencia estableció directrices para las reclamaciones territoriales, haciendo hincapié en la ocupación efectiva, lo que desencadenó una carrera por anexionarse territorios.

Diferentes países buscaban expandir sus imperios y obtener acceso a recursos, mercados y pasos estratégicos.

Gran Bretaña buscaba el control de áreas que reforzaran las rutas comerciales, mientras que otros buscaban prestigio mediante adquisiciones territoriales.

Todo ello llevó a exploradores, cartógrafos y funcionarios coloniales a realizar levantamientos y expediciones cartográficas, lo que dio lugar a la demarcación de fronteras que a menudo ignoraban

las divisiones étnicas, culturales o lingüísticas existentes.

Las fronteras solían trazarse para favorecer a las potencias coloniales, lo que dio lugar a muchos límites arbitrarios y artificiales.

Los europeos despreciaron las estructuras sociales y políticas existentes de las poblaciones indígenas. Los líderes y comunidades locales tuvieron escasa participación en las decisiones fronterizas, lo que dio lugar a conflictos de larga duración que persisten hoy, incluso después de la independencia. Entre ellos figuran guerras civiles, tensiones étnicas y problemas de gobernanza, ya que diversos grupos étnicos quedaron divididos por fronteras o forzados a convivir dentro del mismo Estado. Por ejemplo:

-**Nigeria**, donde los principales grupos étnicos incluyen a los hausa-fulani, yoruba e igbo, fue agrupada en una sola unidad política, lo que condujo a la Guerra de Biafra (1967-1970) y mantuvo ocupado al Consejo de Seguridad de la ONU durante algunos años, incapaz de poner fin a una guerra que se cobró cerca de tres millones de vidas, principalmente entre los igbo cristianos.

-Ruanda y Burundi: hogar de las poblaciones hutu y tutsi, reunidas a la fuerza por las nuevas fronteras, lo que condujo al genocidio ruandés en 1994. El genocidio se cobró la vida de aproximadamente 800.000 tutsis y hutus moderados, asesinados por milicias hutu. El genocidio dejó profundas cicatrices en el pueblo ruandés. El conflicto causó la muerte de más de dos millones de personas y desplazó a millones más, con atrocidades generalizadas, entre ellas limpieza étnica, esclavitud y violencia sexual.

-Kenia y Uganda: con más de 40 grupos étnicos, entre ellos los kikuyu, los luo y los masái, mientras que Uganda alberga grupos como los baganda

y los basoga. Las nuevas fronteras pusieron a grupos rivales en estrecha proximidad, provocando disputas por la tierra y rivalidades políticas que persisten hasta el día de hoy. La violencia postelectoral de 2007-2008 causó más de 1.100 muertes, desplazamientos masivos y numerosas violaciones de los derechos humanos.

Entre las atrocidades concretas se incluían el trabajo forzoso, el despojo de tierras y las medidas punitivas contra las comunidades que se resistían.

La transición a Zimbabue y las atrocidades posteriores se produjeron tras la Declaración Unilateral de Independencia del primer ministro rodesiano y sus políticas de apartheid, que condujeron a la guerra de Rodesia, con un saldo estimado de entre 20.000 y 30.000 muertos, y al posterior nacimiento de Zimbabue de la mano de la mayoría negra en 1980.

Los británicos procuraron asegurar rutas marítimas estratégicas hacia la India y el Oriente.

La región ofrecía recursos naturales, tierras agrícolas fértiles y abundantes minerales. Sus políticas afectaron la distribución de la tierra y el trabajo forzoso entre las poblaciones indígenas, reconfigurando a menudo sus vidas.

Los bóeres eran descendientes de colonos neerlandeses, alemanes y franceses. Desarrollaron una identidad cultural y lingüística diferenciada, incluida la lengua afrikáans y un fuerte sentido de autosuficiencia fomentado por el entorno fronterizo. En busca de su autonomía, establecieron repúblicas independientes, como la República Sudafricana (Transvaal) y el Estado Libre de Orange. Las tensiones se agravaron a medida que las políticas británicas chocaban cada vez más con los intereses bóeres. Entre las cuestiones en disputa figuraban el control de la tierra, la soberanía y los derechos de los colonos británicos. Estos desacuerdos desembocaron finalmente en dos guerras consecutivas (1880-1881 y 1899-1902), que concluyeron con el Tratado de Vereeniging en 1902, basado en una promesa de futuro autogobierno. Una promesa que nunca se cumplió.

La Segunda Guerra Bóer fue brutal y sádica, pues los británicos establecieron campos de concentración para internar a hombres, mujeres y niños. Las condiciones en estos campos eran espantosas, marcadas por el hacinamiento, la insalubridad, la nutrición inadecuada, la deficiente atención médica y la falta de refugio adecuado. Estas condiciones provocaron altas tasas de mortalidad, especialmente entre los niños, y dejaron una mancha duradera en la historia militar británica. Estas acciones dejaron a muchos civiles bóeres desplazados, sin comida ni refugio, y tuvieron consecuencias económicas y sociales de largo plazo. La política de tierra arrasada llevó hambre y enfermedad a todas las comunidades bóeres.

La razón principal de estas guerras fue el control de los ricos recursos minerales, como el oro y los diamantes, en las repúblicas bóeres.

Estas guerras contra la población bóer blanca estuvieron precedidas por muchos otros conflictos militares con pueblos nativos, como las guerras xhosa y las guerras anglo-zulúes. El resultado para los nativos fue devastador, pues fueron desplazados, sus tierras fueron confiscadas, fueron despojados de todos sus recursos minerales y quedaron sometidos al gobierno blanco, que los consideraba seres sin entidad. La pérdida de vidas en estas guerras también fue espantosa.

Congo: La Conferencia de Berlín sobre África otorgó a Leopoldo II, rey de Bélgica, un mandato sobre el Congo, con la aprobación de Francia, Gran Bretaña, Alemania y EE. UU., con la condición de que protegiera a los nativos de los traficantes árabes de esclavos. Poco sospechaban estas naciones que Leopoldo cometería el peor genocidio del siglo XX en su dominio.

La verdadera razón por la que Leopoldo, que solía definir a su país como "Petit pays, petit gens," buscó controlar la colonia era exprimir hasta la extenuación los recursos del Congo (76 veces la superficie de Bélgica), sobre todo el caucho y muchos otros minerales.

El catálogo de violaciones de los derechos humanos llenaría una enciclopedia entera solo para enumerarlas todas: horribles palizas con látigos metálicos, secuestros y asesinatos masivos, cientos de cadáveres arrojados a ríos y lagos, agresiones sexuales, saqueos e incendios de aldeas enteras, mutilaciones de manos y pies (presentadas cada día en una cesta al comandante militar) que dejaban a poblaciones enteras mancas y lisiadas, cuando no totalmente aniquiladas.

Leopoldo lo sabía todo, porque era él quien avalaba toda esta carnicería y estas atrocidades innombrables.

Entre sus métodos estaba mantener a niños pequeños trabajando junto a adultos las veinticuatro horas del día, los siete días de la semana, bajo la amenaza de castigos dolorosos y palizas.

Me remito a Adam Hochschild, "El fantasma del rey Leopoldo: una historia de codicia, terror y heroísmo en el África colonial"

(Mariner Books, Nueva York, Boston: Houghton Mifflin, 1998); a las novelas de Conan Doyle, "Crimen del Congo" (Nueva York: Doubleday, 1909); y a "El corazón de las tinieblas", de Joseph Conrad

(publicado inicialmente en 1899 y reimpreso en Claremont, California: Coyote Canyon Press, 2007); y a David Van Roybrouk, "Congo: la historia épica de un pueblo" (Ámsterdam, Bezeige Bij, 2010). Hay muchas otras historias e informes sobre este tema tan horrible disponibles por toda Internet.

Durante el reinado de Leopoldo, la población del Congo se desplomó de 30 millones a menos de 8 millones. Ha sido el episodio más trágico de la historia colonial, en el que fueron masacradas entre 10 y 15 millones de personas.

Esto, sin duda, ha sido el mayor genocidio del siglo XX, aunque "Bélgica tenía un zoológico humano, en el que exhibía a pequeños niños congoleños a quienes la gente daba de comer como si fueran chimpancés" (artículo en ABC Cultural de Cesar Cervera, 11/22/2017).

África del Norte:

La presencia británica en África del Norte se concentró principalmente en Egipto y Sudán, mientras que otras regiones quedaron bajo su influencia mediante alianzas estratégicas, acciones militares e intereses económicos.

Sudán: Hogar de numerosos grupos étnicos, con una marcada división entre los árabes del Norte y diversos grupos étnicos del Sur. La imposición por parte del Norte de fronteras y formas de gobierno generó un resentimiento y un conflicto profundamente arraigados, contribuyendo a la Segunda Guerra Civil Sudanesa (1988-2005) y a la posterior secesión de Sudán del

Sur en 2011. Este conflicto provocó la muerte de más de dos millones de personas y el desplazamiento de muchos millones más, con atrocidades generalizadas, limpieza étnica, agresiones sexuales y esclavitud.

Egipto fue visto como una puerta de acceso a la India y a las rutas comerciales del Imperio británico, lo que lo convirtió en un punto focal de la estrategia imperial británica. El Canal de Suez,

terminado en 1869, se convirtió en una arteria vital para el comercio y los movimientos militares.

Tras la ocupación británica de 1882, Gran Bretaña ejerció una influencia significativa sobre los asuntos egipcios en la política, la sociedad y la economía. Esta ocupación condujo a cambios en las estructuras administrativas. También contribuyó al auge del nacionalismo, que culminó en movimientos por la independencia, alcanzada finalmente en 1922 bajo el liderazgo de Gamal Abdel Nasser, quien derrocó al rey Faruk. Antes de eso, los británicos conservaron una influencia considerable en ámbitos como la defensa, el Canal de Suez y las relaciones exteriores.

Los franceses en África: La presencia francesa en África comenzó principalmente en el siglo XIX y a comienzos del XX, impulsada por la Conferencia de Berlín y el Reparto de África. Francia estableció el control sobre amplias zonas de África occidental, central y del Norte. Los intereses económicos, incluida la extracción de recursos y el establecimiento de rutas comerciales, impulsaron el esfuerzo colonizador. Las administraciones coloniales francesas reestructuraron las sociedades, trazando arbitrariamente nuevas fronteras que a menudo agrupaban a comunidades étnicas y culturales diversas. Estas fronteras ignoraron las divisiones locales preexistentes, lo que más tarde contribuyó a conflictos internos. La estrategia era "divide y vencerás", en la que los líderes locales eran cooptados o marginados, dejando divisiones profundamente arraigadas. Estas divisiones, de carácter étnico o regional, han persistido más allá de la independencia. Estas fronteras arbitrarias han seguido alimentando graves disputas hasta el día de hoy.

La explotación laboral y económica en las colonias era desenfrenada; las poblaciones nativas fueron sometidas a trabajo forzoso, ya fuera en plantaciones, en minas o

como porteadores en proyectos de infraestructura. Estas condiciones eran a menudo duras y deshumanizadoras, con escasa consideración por los trabajadores sometidos a servidumbre por contrato.

En regiones como África occidental y central, las políticas obligaron a los nativos a trabajar en proyectos que enriquecían la economía colonial. Las duras condiciones y la mínima compensación contribuyeron a elevadas tasas de mortalidad, subrayando una desvalorización sistemática de la vida.

Los episodios de conflicto violento fueron especialmente frecuentes, con horribles intervenciones militares, como las de Argelia.

Guerras de Argelia: Argelia estuvo bajo ocupación francesa desde 1830 hasta 1962. El motivo subyacente fue dar prioridad a los colonos europeos (pied-noirs) y marginar a la mayoría musulmana indígena, lo que condujo a una desigualdad sistemática y a un profundo resentimiento.

La guerra comenzó en 1954 entre el FLN (Frente de Liberación Nacional) y las fuerzas francesas. El FLN optó por la guerra de guerrillas, lo que debilitó a las fuerzas francesas. Sin embargo, la guerra fue implacable y brutal. La respuesta de las autoridades francesas incluyó tácticas como detenciones masivas, reubicaciones forzosas y tortura, que dejaron cicatrices profundas y recuerdos de una violencia inusitada y pérdida de vidas hasta la independencia de Argelia en 1962. Según los registros, la guerra causó la muerte de más de 500.000 argelinos y 70.000 franceses, aunque algunas estimaciones apuntan a cifras mucho más altas. También condujo al colapso de la Cuarta República Francesa y al surgimiento de Charles de Gaulle.

La guerra argelina se convirtió en el símbolo de una resistencia exitosa contra el dominio colonial e inspiró a diversos movimientos de liberación en África, Asia y América Latina.

Los alemanes en Namibia: Durante el Reparto de África, Alemania estableció una colonia conocida como África del Sudoeste Alemana (Namibia) en 1884. La colonización estuvo impulsada por intereses económicos, prestigio nacional y el deseo de expandir la influencia alemana en ultramar. La administración colonial alemana aplicó políticas destinadas a explotar los recursos naturales y establecer asentamientos. Estas políticas introdujeron nuevos sistemas de gobierno, derecho y técnicas agrícolas que afectaron profundamente tanto a la economía local como a las estructuras sociales.

Una de las consecuencias más significativas y devastadoras fue el despojo generalizado de tierras a las poblaciones indígenas. Este desplazamiento alteró los medios de vida tradicionales y provocó penurias sociales y económicas.

El dominio colonial alemán estuvo marcado por duros métodos de control. A comienzos del siglo XX tuvo lugar el conflicto conocido como el genocidio herero y nama. Los herero, oprimidos y despojados de sus tierras ancestrales, se alzaron contra los colonizadores alemanes. Las tropas alemanas, bajo órdenes de sofocar el levantamiento, llevaron a cabo acciones que causaron la muerte de decenas de miles de herero y nama. Los mandos alemanes, en particular Lothar von Trotha, siguieron una política de exterminio. Sus órdenes estaban dirigidas explícitamente a aniquilar a la población, y la campaña incluyó enfrentamientos que desembocaron en matanzas masivas de herero. Estas tácticas brutales se extendieron más tarde al pueblo nama, lo que contribuyó aún más a una pérdida masiva de vidas. Los historiadores estiman que murieron entre 65.000 y 100.000 herero, junto con un número muy elevado de nama. Estas cifras son significativas no solo por su impacto histórico en Namibia, sino también como un crudo recordatorio de las devastadoras consecuencias de una violencia colonial sin freno.

Consecuencias del "Reparto de África'

Conclusiones: El Reparto de África no solo reconfiguró las fronteras políticas y las economías del continente, sino que también dejó un legado duradero de explotación, desintegración cultural y conflicto. Algo que podemos observar incluso hoy.

Si bien varias naciones europeas desempeñaron papeles significativos en la colonización de África, los registros históricos y el consenso académico señalan al Reino Unido como el país europeo con más colonias en el continente y, por tanto, como la causa principal de los grandes conflictos allí.

VI
EL IMPERIO BRITÁNICO EN EL MEDIO

Los británicos tuvieron una influencia profunda y compleja en Medio Oriente. Sus intereses se centraban en asegurar rutas comerciales vitales (específicamente hacia la India), adquirir recursos petroleros y mantener influencia sobre la política regional. El Canal de Suez, en particular, era una pieza clave de su estrategia.

Durante la Primera Guerra Mundial, Gran Bretaña, junto con Francia y otros aliados, se aprovechó del debilitamiento del Imperio otomano. La guerra dio lugar a varias campañas militares en la región, que finalmente desintegraron el control otomano sobre vastos territorios de Medio Oriente.

Egipto: Gran Bretaña ha ejercido una influencia significativa en Egipto desde finales del siglo XIX. Aunque el dominio británico oficial solo se estableció tras la guerra anglo-egipcia de 1882, Gran Bretaña controló los asuntos egipcios para proteger el Canal de Suez. Incluso después de la independencia nominal en 1992, la influencia militar y política británica ha continuado hasta el presente.

Irak: (Mesopotamia) Después de la Primera Guerra Mundial, el Mandato británico de Mesopotamia condujo a la formación del Irak moderno. Gran Bretaña tomó el control de Irak en 1914. Su objetivo inicial era asegurar los campos petrolíferos de Persia (Irán) y proteger la monarquía impuesta por los británicos y las estructuras administrativas establecidas, pero pronto surgieron movimientos nacionalistas locales que desafiaron la autoridad británica. Irak obtuvo la independencia en 1932.

Una vez más, los británicos trazaron artificialmente las fronteras de Irak, sin tener en cuenta las realidades étnicas y sectarias existentes (suníes, chiíes y kurdos), lo que contribuyó a futuros conflictos internos y externos, como la invasión de Kuwait y la guerra posterior en la que participaron EE. UU., que condujo a la eliminación del partido civil Baaz. Ahora Irak tiene un gobierno marcadamente musulmán.

Palestina: El Mandato británico sobre Palestina, tras la Primera Guerra Mundial, es uno de los legados más controvertidos y problemáticos. Encargada de aplicar la Declaración Balfour de 1917, que respaldaba un hogar nacional para el pueblo judío, Gran Bretaña se encontró atrapada entre las aspiraciones árabes y judías. Eso preparó el terreno para conflictos duraderos. Esta declaración ilegal (ilegal porque la tierra había estado habitada por palestinos y otras minorías durante muchos siglos) desencadenó todos los conflictos de Medio Oriente que vemos hoy. No era "terra nullius", es decir, "tierra de nadie", porque ya estaba plenamente habitada. La declaración fue impulsada por la familia Rothschild, una conocida familia judía de la corte inglesa, que, según cree la mayoría de la gente, puso el dinero.

Aunque la partición de la tierra por la ONU (1947) respaldó un hogar nacional judío, también incluía disposiciones que salvaguardaban a las comunidades no judías existentes, las cuales han sido ignoradas a medida que aumentó la inmigración judía. Se establecieron nuevos asentamientos durante el período del Mandato británico. El plan recomendaba dividir el territorio en Estados separados, uno judío y otro árabe, con Jerusalén bajo administración internacional. Como era de esperar, los árabes rechazaron el plan, alegando que la tierra siempre había sido suya.

Tal rechazo legítimo dio lugar a dos guerras (1948 y 1967) en las que los palestinos fueron expulsados de sus tierras, asesinados o enviados al exilio, a numerosos campos de concentración en Líbano, Jordania, Siria y en el extranjero.

Todos los llamamientos de la ONU en favor de un Estado palestino han sido ignorados por los sionistas, con el apoyo incondicional de EE. UU. y Gran Bretaña, y el asentimiento tácito de las naciones de Europa occidental. La situación actual es de genocidio abierto contra toda la población palestina. Al mismo tiempo, Gran Bretaña, EE. UU., el mundo árabe y otras naciones occidentales dan la espalda y no dicen ni una palabra de objeción ni de remordimiento.

Otras áreas: La influencia británica se extendió a partes de la península arábiga y del golfo Pérsico, donde estableció protectorados y aseguró tratados con gobernantes locales. Estos arreglos estaban diseñados para asegurar las rutas comerciales y salvaguardar sus intereses en la región.

Fronteras y Estados-nación: Los acuerdos posteriores a la Primera Guerra Mundial, en particular la creación de mandatos, influyeron directamente en el mapa político moderno de Medio Oriente. Las fronteras arbitrarias trazadas por las potencias coloniales siguen moldeando la política y los conflictos de la región.

Nacionalismo y movimientos de independencia: El dominio británico, con su combinación de control directo e influencia indirecta, favoreció la aparición de movimientos nacionalistas. Estos movimientos dieron lugar a luchas por la independencia que, en muchos casos, transformaron el panorama político de diversos países de la región.

Las decisiones tomadas durante los mandatos prepararon el terreno para conflictos prolongados que continúan hasta hoy. Las potencias europeas -principalmente Gran Bretaña y Francia- redibujaron el mapa de Medio Oriente mediante mandatos y tratados. En lugar de basarse en fronteras étnicas, tribales o históricas ya existentes, los nuevos Estados fueron a menudo trazados para servir a los intereses geopolíticos

europeos, controlar recursos y asegurar rutas estratégicas. Así, las nuevas fronteras atravesaron comunidades que compartían vínculos lingüísticos o religiosos, sentando las bases de futuras tensiones étnicas y sectarias, porque los dirigentes y las poblaciones locales tuvieron poca o ninguna voz en el trazado de esas fronteras.

Identidades nacionales: Aunque los Estados-nación modernos de Medio Oriente han desarrollado sus propias identidades culturales y políticas, el legado de las fronteras coloniales sigue afectando las narrativas nacionales.

Los conflictos y las dinámicas geopolíticas de Medio Oriente -desde Siria e Irak hasta Líbano y más allá- siguen llevando la marca de estas divisiones artificiales.

El Acuerdo Sykes-Picot (1916) entre Gran Bretaña y Francia dividió las tierras del Imperio otomano en esferas de influencia. Francia controlaría Siria y Líbano en el norte, y Gran Bretaña controlaría Palestina e Irak (Mesopotamia) en el sur. Ambas potencias fueron responsables de trazar las fronteras. Francia tendió a reconocer algunas divisiones tradicionales, pero también las redefinió para adaptarlas a sus objetivos estratégicos y administrativos. No así los británicos, que siempre buscaron sus propios intereses comerciales.

Divisiones administrativas: Mientras los franceses fusionaron Siria y Líbano a finales de la década de 1920, se creó el Gran Líbano (incluidas partes del actual Líbano y zonas pobladas predominantemente por cristianos maronitas) para servir como una entidad cristiana afín. Esta decisión se consolidó más tarde en el moderno Estado libanés. El resto del territorio fue adjudicado a Siria. Sin embargo, los británicos en Irak determinaron en gran medida las fronteras en función de intereses estratégicos. Así, fusionaron en una sola región provincias otomanas como Mosul, Bagdad y Basora, que tenían características étnicas, religiosas y lingüísticas diferenciadas,

incluida una mezcla de suníes, chiíes, kurdos y otros. Nunca se consultó a la población local, lo que produjo efectos duraderos en la política iraquí. Esas fronteras solo podían explicarse por la presencia de recursos petroleros, pues esas zonas siempre habían formado parte del protectorado británico de Kuwait hasta su independencia en 1961 bajo el liderazgo de la familia Al-Sabah.

Geopolítica moderna: La dinámica geopolítica actual en Medio Oriente —desde los conflictos en Irak y Siria hasta los desafíos en Líbano y más allá— sigue llevando la marca de estas divisiones artificiales.

Uno de los grandes perdedores de estas fronteras artificiales fue, sin duda, el pueblo kurdo, cuya población quedó dividida entre Turquía, Irak, Siria e Irán. Nunca pudo formar su propio país ni alcanzar la autonomía.

Empecemos por abordar el nombre de «Persia» (que deriva de la región meridional de Fars y fue ampliamente utilizado por los extranjeros en el antiguo Imperio persa); sin embargo, no aparece durante el Imperio sasánida. Los antiguos habitantes del país usaban más bien «Irán» en su lengua nativa, con el significado de «tierra de los arios» o «Aryana». Ese nombre fue cambiado en 1935 por Shah Reza Pahlaví.

El Reino Unido tiene una larga y compleja historia de injerencia en Irán, que ha moldeado significativamente el panorama político del país. El principal interés británico en Persia (entonces conocida como Irán) era su ubicación estratégica, particularmente para proteger sus intereses coloniales en la India. En 1908 se descubrió petróleo en Irán, lo que condujo a la formación de la Compañía Anglo-Persa de Petróleo, posteriormente rebautizada como BP (British Petroleum). Esto intensificó la implicación británica.

Irán permaneció neutral en la Primera Guerra Mundial; sin embargo, Gran Bretaña invadió Irán y ocupó partes del país. En 1919, Gran Bretaña propuso el Tratado Anglo-Persa, que habría convertido a Irán en un protectorado británico, pero la oposición interna y la presión internacional llevaron a su rechazo. En 1951, el presidente democráticamente elegido de Persia (Irán), Mohammad Mosaddeq, nacionalizó la industria petrolera iraní, arrebatándole el control a BP. Esto condujo a un «golpe de Estado» ejecutado por la CIA (EE. UU.) y Gran Bretaña en la «Operación Ajax». Este fue un momento decisivo en la historia iraní, pues llevó al poder a Shah Reza Pahlaví en 1953. Tras el golpe, tanto Gran Bretaña como Estados Unidos se convirtieron en firmes aliados del Sha, que permaneció en el poder hasta la Revolución Islámica de 1979. Desde entonces, las relaciones de Gran Bretaña y Estados Unidos con Irán se han deteriorado, y hoy la situación es volátil, impulsada por el apoyo a Israel y la animadversión hacia la nación y el régimen iraníes.

VII
EL IMPERIO BRITÁNICO Y LA 'TERRA NULLIUS' ('TIERRA DE NADIE')

Cuando los países europeos colonizaron diversas partes del mundo, con frecuencia reclamaron territorios que no estaban bajo la soberanía de ningún Estado occidental. Como resultado, las regiones recién descubiertas fueron consideradas «terra nullius» («tierra de nadie»).

El término se utilizó en el siglo XIX, especialmente por las autoridades coloniales británicas. Por ejemplo, cuando colonizaron Australia, la declararon «terra nullius», dando a entender que no existían poderes soberanos previos; así, ignoraron la presencia de los pueblos indígenas que vivían allí con sus propios sistemas de gobierno, cultura y lengua.

Existía también el concepto de «ocupación efectiva», que formaba parte del derecho internacional; si un territorio estaba «deshabitado» o «no sometido a soberanía alguna», la ocupación efectiva podía conferir soberanía jurídica. Esto es ligeramente distinto de la «terra nullius» («tierra de nadie»), porque la tierra, en este caso Australia, ya estaba ocupada por numerosos grupos indígenas. El mismo concepto se utilizó en la Conferencia de

Berlín (1884-1885), que desembocó en el «reparto de África», en el que las potencias europeas se repartieron África entre sí como si fuera «terra nullius», y la historia da fe de las numerosas atrocidades contra los nativos que siguieron.

Terra nullius nunca fue legal, pero fue una ficción británica para justificar sus acciones coloniales.

También hubo una aceptación generalizada de la «Doctrina del Descubrimiento» (codificada en los siglos XVIII y XIX), según la cual «el acto de descubrir» una tierra, ya fuera por una nación, una compañía o misioneros, confería automáticamente título legal a la potencia colonizadora, al margen de la presencia o la soberanía indígenas.

La doctrina se presentó como una obligación moral de «civilizar» a los pueblos no cristianos, justificando la supresión de las culturas, religiones o formas de gobierno indígenas porque las poblaciones indígenas, al no ser cristianas, eran consideradas «subhumanas» o «salvajes» necesitadas de ser ilustradas.

La Corte Suprema de Estados Unidos (caso Johnson contra McIntosh de 1823) dictaminó que el "descubrimiento europeo" otorgaba al gobierno de EE. UU. el derecho exclusivo a adquirir tierras indígenas, negando de hecho la soberanía indígena sobre la tierra y tratando a los indígenas americanos como "dependientes" o "tutelados" del Estado.

El concepto de 'terra nullius' estaba estrechamente vinculado a la Doctrina del Descubrimiento. Los colonizadores a menudo declaraban los territorios "deshabitados" para justificar sus reclamaciones, ignorando la presencia y el gobierno indígenas.

Es evidente que los británicos llevaron este concepto de "terra nullius" a la Declaración Balfour, prometiendo la tierra palestina a dos contendientes distintos, los árabes, los franceses y, finalmente, los sionistas, una tierra ya ocupada y con una larga y bien conocida historia, pero ocupada por "nadies", lo que permitió la creación del ***Estado de Israel****. Las consecuencias han conducido a la situación más peligrosa y al futuro más ominoso que el mundo está presenciando en el siglo XXI.*

El caso más famoso de "terra nullius" se dio en Australia, donde los británicos reclamaron la tierra como "desocupada" en 1788, pese a la presencia de pueblos aborígenes e isleños del Estrecho de Torres con complejos sistemas de tenencia de la tierra

y de gobierno. El derecho consuetudinario británico sostenía que los indígenas australianos no tenían título legal sobre la tierra porque no eran civilizados. Algo omnipresente en muchos descubrimientos europeos era el hecho de que los indígenas no solo no eran civilizados, sino que, peor aún, no eran cristianos.

Una consecuencia de que los nativos no fueran considerados civilizados era que, especialmente bajo la colonización británica, no tenían derechos humanos, pues no se los consideraba seres humanos normales. No tenían derechos sobre la tierra, la lengua ni su propia cultura y gobierno. Así, la confiscación de tierras fue común en todas las colonias, y el trato, que llegaba a la atrocidad, fue la norma para los colonizados, que fueron sometidos a constantes malos tratos, golpizas, asesinatos, violaciones, castraciones y a un desprecio y una humillación constantes.

Intermedio y aclaración aquí

Para destacar el concepto de "terra nullius", que consideraba subhumanos a los nativos, ahora me siento obligado a yuxtaponer la actitud y el comportamiento británicos hacia los nativos con los del Imperio español, al que los británicos y otros enemigos de España denigraron intencionadamente.

En sus descubrimientos y conquistas del continente americano, los conquistadores españoles ("conquistadores") iban siempre acompañados de muchos miembros de las órdenes religiosas católicas, no solo para convertir a los nativos a la fe cristiana, sino también para impedir los malos tratos por parte de los "conquistadores". En efecto, no impidieron algunos abusos, como atestigua la historia. Pero lo que la historia también atestigua, y que los enemigos de España han suprimido, es que durante muchos años se dictaron en España leyes tempranas para proteger a los nativos. España detuvo sus descubrimientos y conquistas de 1550 a 1556 para debatir los derechos de las poblaciones indígenas. El debate

tuvo lugar en Valladolid, España, de 1550 a 1551, y debe considerarse la primera declaración de derechos humanos. Este debate reconoció la dignidad de las poblaciones indígenas como seres humanos con alma y razón; su derecho a rechazar la conversión al cristianismo; y su derecho a su propiedad y a su tierra, conforme al "ius naturalis" (derecho natural).

De este acalorado debate entre teólogos y juristas surgió un número significativo de leyes. El primer volumen de tales leyes fue promulgado por el rey católico español Fernando (casado con la reina Isabel) en 1512 y fue llamado "Leyes de Burgos" (por la ciudad de Burgos). A estas siguieron las "Nuevas Leyes de Indias" en 1542, promulgadas en la Ciudad de México (1546). Se dictaron muchas más medidas y leyes para eliminar los abusos y la corrupción de los gobernadores en los muchos territorios incorporados. Esas leyes otorgaban a los nativos los mismos derechos que regían en la propia España. Por eso, no se asombre cuando oiga a los hispanoamericanos hablar de "la madre patria". Esos territorios nunca fueron "colonias", sino parte integrante de España. Por esa razón, no buscaron la independencia durante casi 400 años. En todo el continente, los españoles fundaron ciudades, catedrales, universidades, hospitales, escuelas y academias para preservar las lenguas nativas, y eso ocurrió siglo y medio antes de la llegada de los Peregrinos.

Para cuando los peregrinos desembarcaron en 1620, ya había una ciudad española y una bandera española en lo que hoy es Estados Unidos. San Agustín, Florida, fue fundada en 1565, lo que la convierte en la primera ciudad de Estados Unidos, 42 años antes de Jamestown y 55 años antes del Mayflower. Tras su fundación, los españoles celebraron misa y ofrecieron un banquete con los indígenas timucuas, algo similar al Día de Acción de Gracias.

Desafío al lector a considerar si alguna vez se oye la expresión "madre patria" en referencia al Imperio británico. Viaje a cualquier país de América Latina y observe que la población es mayoritariamente mestiza. Sin embargo, si escucha o lee constantemente sobre las atrocidades de los "conquistadores", pregúntese dónde puso alguna vez España a indios en "reservas", como se ve en EE. UU. o en territorios británicos. España nunca exterminó a los nativos, sino que los integró. Llevan el ADN de España, como cualquier observador imparcial puede ver claramente.

VIII
EL IMPERIO BRITÁNICO REFLEJADO EN INTERNET Y EN LA PRENSA ESCRITA

En este capítulo, citaré a investigadores veteranos, bien informados y sin ambages que han expresado sus puntos de vista en Internet, en la prensa escrita y en las redes sociales acerca de la colonización, explotación y saqueo mundiales del Imperio británico, así como de la falta de ética, los abusos contra los derechos humanos y sus consecuencias en la situación geopolítica actual.

Khilnani centra sus comentarios en dos libros de la historiadora Caroline Elkins, "Cálculo imperial" (2005) y "Legado de violencia: historia del Imperio británico" (2022).

Su artículo comienza con la colonización británica de Kenia, que implicó duros trabajos forzados, confiscación de tierras, represión, tortura, ejecuciones sumarias, violaciones y castraciones para los nativos, especialmente los kikuyu rebeldes, quienes, tras haber sido despojados por los británicos de todo medio posible de subsistencia, tenían sobrados motivos para resistir semejante brutalidad.

El libro se amplía para examinar el legado más amplio del Imperio británico, explorando su impacto en países como la India e Irlanda. El gobierno a menudo desatendía a los pueblos coloniales, como pone de relieve la espantosa Gran hambruna de Bengala, que podría haberse

evitado fácilmente. Continúa: "La tutela imperial, impartida a menudo a través del cañón de un Enfield, estaba librando a los pueblos sumidos en la ignorancia de los errores de sus costumbres... Entre los aleccionadores estaba... Henry Hugh Tudor, hijo de un pastor de Devonshire, a quien Winston Churchill conocía como Hughie, que aparece en enclaves coloniales con cifras desmesuradas de muertos... Está al mando de una gendarmería apodada los 'matones de Tudor', que abre fuego contra un estadio de Dublín en 1920, dejando decenas de civiles muertos y heridos. El primer ministro David Lloyd George se deleita con los rumores de que los matones de Tudor estaban matando a dos militantes del Sinn Féin por cada lealista asesinado... hasta el jefe del Estado Mayor se maravillaba de la despreocupación con la que los hombres hablaban de aquellas muertes, contabilizándolas como si fueran carreras en un partido de críquet. Tudor y sus 'granujas' estaban fuera de control. No importaba; Churchill, que pronto sería secretario de Estado para las colonias, respaldaba a Tudor." Al año siguiente, él y sus paramilitares irlandeses propagaban sus tácticas para reprimir a los nativos en el Mandato británico de Palestina. Churchill había decidido que el propenso a la violencia Tudor era justo el hombre idóneo para entrenar a la policía colonial. Escribió a Churchill que los palestinos serían más fáciles de pacificar que los irlandeses porque "son gente diferente, y es improbable que el árabe, si se le maneja con firmeza, llegue alguna vez a hacer algo más que agitarse y hablar."

por todas partes. Los altos mandos rara vez frenaban tal violencia; al contrario, la dotaban de fuerza de ley.

La práctica de volar a los cipayos con cañones tras el levantamiento de 1852, la matanza con ametralladoras Maxim de mahdistas en la década de 1890, la masacre de civiles inocentes en Amritsar, el uso de campos de concentración en las Guerras bóer, las represalias y asesinatos, y el saqueo de bienes civiles en Irlanda... toda esta ferocidad infligida por el Estado no era más que el Imperio británico calentando motores, mientras quemaba todos los documentos incriminatorios. No obstante, Caroline Elkins, en su libro "Cálculo imperial: la historia no contada del gulag británico en Kenia" (2005), que ganó el Premio Pulitzer de No Ficción General, ha señalado que se movió con destreza entre testimonios orales y fuentes de archivo para describir una estrategia del Imperio británico de detenciones, tortura, palizas, hambre, duros trabajos forzados, violación y castración, todo ello diseñado para sofocar cualquier resistencia al trato brutal del Imperio hacia los nativos.

Un gobernador colonial británico informó a sus superiores de que la única manera de quebrar a los rebeldes más irreductibles era mediante "sacudidas violentas", justificando una brutal campaña llamada "Operación Progreso". Más de un millón de hombres, mujeres y niños fueron forzados a ingresar en recintos alambrados en aldeas para su reeducación, lo que llevó al fiscal general de las colonias a confesar que aquello era "un angustioso recordatorio de las condiciones en la Alemania nazi o la Rusia comunista".

Cito:

"En su esencia, el imperialismo británico estaba impulsado por una mezcla de ambición, riqueza y una creencia en la superioridad cultural", y pasa a aclarar que *"la colonización es el*

proceso de apropiarse de la tierra de otro para el uso de otro país".

La experiencia imperial tuvo un profundo efecto tanto en las naciones colonizadas como en las colonizadoras. En Gran Bretaña, la experiencia imperial fomentó un sentimiento de superioridad nacional y la creencia en el derecho a gobernar sobre otros pueblos. Sin embargo, el imperialismo condujo a la explotación y al subdesarrollo en las colonias, en parte porque las naciones colonizadas tenían que pagar altos impuestos a las arcas de los colonizadores y porque los colonizadores creían que su moral era superior a la de cualquier otro sistema social en el resto del mundo. En el siglo 19, el darwinismo social, una creencia en la superioridad de unas razas sobre otras, también desempeñó un papel en el imperialismo británico. Esta ideología justificaba el derecho de Gran Bretaña a gobernar sobre otros pueblos porque era "racialmente superior".

Durante la era del colonialismo y el imperialismo británicos, la esclavitud fue esencial para la economía. Los primeros exploradores esperaban utilizar a la población local como mano de obra barata en granjas y minas; sin embargo, las enfermedades y las frecuentes rebeliones hicieron que esto resultara poco práctico. Como resultado, los británicos recurrieron a África como fuente de personas esclavizadas. Los esclavos fueron llevados desde África para trabajar en plantaciones de América y el Caribe. El número de muertes entre los esclavos ascendió a millones.

Entre los siglos 16° y 19°, se calcula que 12 millones de africanos fueron arrancados de sus hogares y vendidos como esclavos. La trata de esclavos era altamente rentable. Entre 1750 y 1830, la trata británica de esclavos generó unas 100.000.000 de libras esterlinas.

Los efectos del colonialismo británico fueron de gran alcance. En las naciones colonizadas, condujo al desplazamiento de pueblos indígenas considerados inferiores y carentes de importancia, a la confiscación de tierras y a la introducción de nuevas tecnologías y de una nueva religión, que destruyeron la cultura y las comunidades originarias.

En suma, el Imperio británico aportó riqueza, poder e influencia a Gran Bretaña, pero para los pueblos colonizados trajo violencia, enfermedad y hambruna. Suprimió los derechos de los colonizados. Por ejemplo, después de que la esclavitud fuera abolida en Jamaica, la abolición no liberó realmente a las personas esclavizadas, ya que fueron obligadas a trabajar como aprendices no remunerados para sus antiguos amos. Los gobernantes británicos introdujeron leyes para garantizar ese statu quo en favor de los colonizadores blancos.

Internet está lleno de libros, artículos y ensayos que exploran la devastación y los conflictos interminables que el Imperio británico ha provocado, incluso hoy.

IX
LA CONFRONTACIÓN INTERMINABLE DEL REINO UNIDO CON RUSIA

A la luz del hecho, bien conocido, de la antipatía del Reino Unido —o, si se quiere, su animadversión— hacia Rusia, y de su constante injerencia en los asuntos, la diplomacia y las políticas internas y geopolíticas rusas, conviene ahora examinar la historia que condujo a una conducta tan insostenible, antes de pasar a lo que sobre ello vienen diciendo numerosos centros de análisis y espacios en redes sociales bien documentados.

Para entenderlo, debemos retroceder en el tiempo y visualizar la Guerra de Crimea (1853 a 1856). Aunque la guerra enfrentó al Imperio ruso con una alianza formada por el Imperio otomano, Francia, el Reino Unido y Cerdeña-Piamonte, fue librada y dirigida principalmente por el Reino Unido, que obtuvo una victoria "pírrica", sangrienta y costosa para los aliados y, sobre todo, para el propio Reino Unido. La principal preocupación del Reino Unido era el expansionismo del Imperio ruso, que veía en el debilitamiento del Imperio otomano una oportunidad para ejercer su influencia sobre las regiones vecinas, incluidos los Balcanes, el Cáucaso, los mares Negro y Caspio, Turquía, Persia y otras zonas. El imperio menguante del Reino Unido jamás pudo aceptar su propia decadencia y reaccionó con obstinación en el siglo 19, y sigue haciéndolo en el 20 e incluso en el 21. Estas sospechas históricas y esta confrontación interminable con Rusia quizá fueron inoculadas en el alma y las emociones británicas por Alfred, lord Tennyson, y su poema épico sobre la "Carga de la Brigada Ligera", que se hizo inmensamente popular en Gran Bretaña poco

después de la batalla de Balaclava de la Guerra de Crimea, donde la Brigada Ligera británica cargó hacia el "Valle de la Muerte" contra una artillería rusa bien emplazada, que aniquiló su carga, matando al menos a 600 jinetes y cubriendo el suelo del valle con un río de sangre británica. Tennyson inmortalizó el episodio con un poema desgarrador, que dice así:

"Media legua, media legua, media legua adelante,

Todos en el valle de la Muerte cabalgaron los seiscientos

Cañón a su derecha, cañón a su izquierda,

Un cañón frente a ellos disparaba andanadas y tronaba

Batidos por bala y obús, cabalgaron con audacia y gallardía,

Hacia las fauces de la Muerte, hacia la boca del Infierno cabalgaron los seiscientos

¿Cuándo podrá desvanecerse su gloria?

¡Oh, la feroz carga que hicieron! Todo el mundo se maravilló.

¡Honrad la carga que hicieron! ¡Honrad a la Brigada Ligera,

nobles seiscientos!

La Guerra de Crimea, que Gran Bretaña y sus aliados ganaron a un coste inmenso de vidas, fue prontamente revertida por

Rusia en 1871 en la Conferencia de Londres, que permitió a Rusia reconstruir allí su presencia naval. Crimea había pertenecido a Rusia desde 1783, cuando Catalina la Grande la anexionó. Fue transferida a Ucrania por Nikita Jrushchov, pero, con la guerra de Ucrania, volvió a ser recuperada por Rusia en 2014.

La animadversión entre el Reino Unido y Rusia tiene profundas raíces históricas, que se remontan a más de tres siglos. La rivalidad se intensificó en el siglo XIX, especialmente a través del "Gran Juego", en el que ambos imperios competían por la supremacía en Asia Central. La pugna por el territorio y la influencia desembocó a menudo en escaramuzas diplomáticas y enfrentamientos militares. En los Balcanes, a medida que el Imperio otomano declinaba, la región se convirtió en una fuente adicional de fricción, especialmente en lo relativo a los movimientos de independencia en Europa oriental, que Rusia apoyaba pero Gran Bretaña combatía. La Guerra de Crimea epitomizó esta animadversión, y solo quedó interrumpida por el respiro de la Primera y la Segunda Guerra Mundial. La Guerra Fría marcó un distanciamiento significativo, caracterizado por sospechas,

espionaje y guerras por delegación. La alineación de Gran Bretaña con EE. UU. contra la Unión Soviética tensó aún más las relaciones.

En tiempos más recientes, la disolución de la Unión Soviética en 1991 dio lugar a un breve deshielo. Ese deshielo se agrió cuando se disolvió el Pacto de Varsovia soviético, pero no la OTAN, que, en contra de las garantías dadas a Boris Yeltsin de no avanzar ni una pulgada hacia el este, abrió sus puertas a esos países y los invitó a ingresar en la alianza. Putin señaló esto en un discurso pronunciado en 2007 ante la Conferencia de Seguridad de Múnich. Eso fue una traición a Rusia y a Boris Yeltsin.

Insto al lector a consultar "Ni una pulgada: América, Rusia y la creación del estancamiento posguerra fría", de M. E. Sarotte (Yale University Press, 2021). Fue James Baker, secretario de Estado de EE. UU., quien, en una conversación del 9 de febrero de 1990, prometió al dirigente soviético Mijaíl Gorbachov que la OTAN no se expandiría hacia el este si Rusia aceptaba la reunificación de Alemania. En marzo de 1991, el primer ministro británico John Major fue preguntado por el ministro de Defensa soviético, el mariscal Dmitri Yazov, si los países de Europa oriental estaban interesados en ingresar en la OTAN. Major, según los diarios del embajador británico en Moscú, Rodric Braithwaite, le aseguró: "nada de eso ocurrirá jamás." Sin embargo, dado que no puede encontrarse ningún documento escrito sobre esta promesa, Occidente se ha mostrado inflexible tanto en su expansión hacia el este como en negar que semejante garantía se diera alguna vez. Fue solo de palabra, lo que nada tiene que ver con la "palabra de honor".

La más reciente guerra de Ucrania se deriva del desprecio por el compromiso de no avanzar hacia el este. La OTAN sigue insistiendo en que está abierta a incorporar a Ucrania a su alianza, algo que Rusia considera un cerco contra la Federación Rusa. Cuando el presidente ucraniano Viktor Yanukóvich, elegido por mayoría (de manera abrumadora en el este y el sur de Ucrania), optó por inclinarse hacia Rusia (con la aprobación de la mayoría de sus electores), el MI6, la CIA y,

por extensión, Occidente fomentaron un "golpe" para apartarlo del poder. Ese golpe se conoce como la revuelta del "Euromaidán", que comenzó a finales de 2013 y escaló en 2014. Los gobiernos occidentales, especialmente el Reino Unido, expresaron su apoyo a los manifestantes; sin embargo, debe señalarse que los manifestantes representaban a las partes occidental y central de Ucrania, mientras que las regiones oriental y meridional, que concentraban la mayoría de los votos, no participaron en tal protesta. No obstante, la narrativa occidental emplea una formulación sesgada y retorcida, dando a entender que era la mayoría de los ucranianos la que quería ingresar en la OTAN. Funcionarios británicos, entre ellos diplomáticos y políticos, expresaron su apoyo a las aspiraciones europeas de los manifestantes, una postura que no compartían Viktor Yanukóvich ni la mayoría de sus electores. En cualquier caso, el presidente democráticamente elegido tuvo que huir, y se permitió que el "golpe" triunfara. Desde entonces, las partes oriental y meridional de Ucrania han sido sometidas a una violencia constante y a bombardeos de artillería. Esas regiones celebraron referendos para unirse a la Federación Rusa.

Esta confrontación crónica con Rusia abarca todos los frentes, es decir, todas las naciones que rodean a la Federación de Rusia en Europa, el Cáucaso y los Balcanes, y, sobre todo, las naciones de la OTAN, donde Londres ha venido ejerciendo una influencia indebida y ha convencido a aliados históricos, como los Países Bajos, de sumarse a un empeño por declarar la guerra a la Federación de Rusia, aunque Rusia posee superioridad militar.

X
EL REINO UNIDO EN EL SIGLO XXI

Siglo

El Imperio británico en el siglo XXI está con soporte vital. Ahora la denominación es Inglaterra o, a lo sumo, el Reino Unido; sin embargo, tras seguir de cerca las noticias con espíritu crítico y prestar mucha atención a los angustiosos y retorcidos derroteros geopolíticos, una cosa queda clara: la mano del Reino Unido, a menudo junto con las agencias de inteligencia estadounidenses y occidentales, anda ocupada, agitando sin descanso todas esas trifulcas, manifestaciones, enfrentamientos y desafíos contra un puñado de presidentes elegidos democráticamente; la razón: su postura prorrusa, no favorable a la UE ni a la OTAN. Georgia, Armenia, Kirguistán, Ucrania y Rumanía han visto hervir sus calles con grupos activistas. Y muchas ONG extranjeras han agitado y arengado a las multitudes en manifestaciones pacíficas y, a veces, no tan pacíficas contra sus presidentes elegidos democráticamente por sus inclinaciones prorrusas, aunque la mayoría del electorado conocía ese hecho antes incluso de que se celebraran las elecciones.

La postura antirrusa y la animadversión histórica del Imperio británico hacia Rusia no han disminuido en el siglo XXI, pues las naciones europeas de la OTAN influidas por la retórica británica parecen estar siempre preparadas para enfrentarse a Rusia en el campo de batalla. Así, cualquier gobierno

prorruso verá, y ya ha visto, todas las manifestaciones mencionadas para anular o repetir elecciones anticipadas a fin de impedir cualquier inclinación hacia Rusia.

El candidato prorruso en Rumanía, Călin Georgescu, iba en cabeza en las elecciones de 2025, pero al resultado le siguieron manifestaciones, disturbios y agitación civil que caracterizaron un golpe de Estado «encubierto». El eslogan, la consigna, la acusación de injerencia rusa en las elecciones y la anulación de los comicios condujeron a unas elecciones anticipadas, que Georgescu perdió frente a Nicușor Dan, alcalde de Bucarest y partidario de una política proeuropea y pro-OTAN.

La región del Cáucaso no es europea, sino asiática. La cordillera del Gran Cáucaso suele considerarse una frontera natural entre Europa y Asia. Aunque las laderas septentrionales del Cáucaso suelen percibirse como europeas, las laderas meridionales (Georgia, Armenia y Azerbaiyán) están en Asia. Estas naciones al sur del Cáucaso limitan todas con la Federación de Rusia y, por extensión, están muy lejos de la Organización del Tratado del Atlántico Norte; sin embargo, todas han sido sometidas a las mismas trifulcas, manifestaciones y activismo desestabilizador que Rumanía durante sus elecciones nacionales, por la misma razón: se han alineado cada vez más con la Federación de Rusia, por la evidente razón de la proximidad.

La política exterior de Kirguistán se ha inclinado desde hace tiempo hacia Rusia, impulsada por los lazos históricos, la dependencia económica y las consideraciones de seguridad. En las elecciones de 2020, el presidente prorruso, Sooronbay Jeenbekov, tuvo que dimitir en medio de tumultuosas manifestaciones y protestas callejeras. En 2021 se celebraron otras elecciones y fue elegido Sadyr Japarov. Pese a las trifulcas previas, su acercamiento a Rusia mejoró, y se reunió con el presidente Putin en múltiples ocasiones.

Armenia también experimentó la llamada «Revolución de Terciopelo», que pretendía reorientar su política exterior alejándola de Rusia. Sin buscar una ruptura total, Armenia ha hecho un esfuerzo claro por buscar asociaciones alternativas y reducir su dependencia de Moscú.

En las elecciones de 2024 en Georgia, Sueño Georgiano obtuvo una mayoría sustancial de los votos; sin embargo, algunos partidos de la oposición se negaron a reconocer los resultados, preparando el terreno para una impugnación esperada. La reiteración constante de la interferencia de Rusia fue el golpe de despedida en otro desafío occidental a las elecciones. La agitación, las manifestaciones y los enfrentamientos surgieron mientras observadores «internacionales» (todos occidentales) y organizaciones no gubernamentales como la Fundación Open Society de Soros, el Departamento de Estado de Estados Unidos y el Parlamento Europeo cuestionaban repetidamente las elecciones, sobre todo después de aprobar la integración de Georgia en la UE en 2023 (lo que también implicaba la OTAN). El 28 de octubre de 2024, el primer ministro de Georgia, Irakli Kobajidze, entrevistado por la BBC, declaró sin vacilar que la victoria de Sueño Georgiano había sido «aplastante», rechazando las acusaciones de amaño electoral y violencia. A pesar de estos resultados, la dirigente prooccidental Salomé Zurabishvili calificó las elecciones de «falsificación total». No obstante, el primer ministro precisó que «de 3.111 colegios electorales, había habido incidentes en "apenas un par de circunscripciones"». De todos los miembros de la UE, solo Viktor Orbán, de Hungría, felicitó a «Sueño Georgiano» por su victoria. En efecto, los resultados electorales fueron asombrosos: Sueño Georgiano, 53 %; Coalición por el Cambio, 11 %; Unidad, 10 %; Georgia Fuerte, 8 %; Por Georgia, 7,77 %.

La historia atestigua que Georgia es un país caucásico, próximo a Rusia pero territorialmente distante de Europa, y que la UE y la OTAN no tienen nada que hacer tratando de integrar a Georgia en su alianza, por mucho que

lo planteen. Pero no podía ponerse en duda la intención de rodear a Rusia con bases de la OTAN.

XI
EL REINO UNIDO EN EL SIGLO 21
LAS REDES SOCIALES DEL SIGLO

Basta una sola hora en las redes sociales para dejar a uno atónito ante los cientos de entradas y comentarios sobre las devastadoras fracturas que el llamado Imperio británico ha dejado por todo el mundo. Los hechos no pueden ignorarse, sobre todo cuando el imperio ya ha implosionado pero persiste como un conductor ebrio, causando graves colisiones en la geopolítica actual. Todo lo que puedo hacer en este capítulo es destacar los análisis principales que encuentro en los medios de personas conocidas y respetadas. Sería agotador sacar todos a la luz, así que seleccionaré solo aquellos que resumen los hechos pertinentes al asunto que nos ocupa.

Empezaré con Alex Krainer en Dialogue-Works, 30 de septiembre de 2025: "Los eurodólares están concentrados en Londres. Creo que todo el proyecto sionista está inextricablemente vinculado al Imperio británico, y es uno de los activos geopolíticos más críticos. También creo que esa relación es políticamente simbiótica... El poder de los británicos es un misterio para mí porque, en otro tiempo, tenían un ejército y una armada fuertes, pero eso ha implosionado, y lo único que queda es una nación insular con una economía quebrada y

finanzas catastróficas; sin embargo, sigue correteando por el mundo y metiendo las manos en prácticamente todas las crisis del planeta. ¿Cómo es posible? Mi única respuesta es su mercado de eurodólares en Londres, con una especie de telaraña de centros financieros extraterritoriales como las Islas Caimán y muchos otros, que son la fuente de su poder financiero, y se introducen en un país tras otro mediante ONG, diplomacia secreta y fuerzas especiales para preparar el terreno durante muchos años, como ocurrió con el exlíder del ISIS y ahora presidente de Siria Ahmed Hussein al-Sharaa, más conocido como al-Juliani, en Damasco, donde la mayoría de los hoteles están llenos de británicos. Gran Bretaña todavía controla más de 10 billones de dólares para cooptar ejércitos por delegación y librar sus guerras, y Tony Blair es la mano que dirige todos estos planes."

Emil Cosman, podcast del 28 de septiembre de 2025, *"Monarquía inglesa=la serpiente global". "El rey Carlos ordena a Trump y a Vance,"*

"Trump cambia de posición sobre Ucrania mientras visita al rey Carlos y a otros.... Antes de ir a Inglaterra, Trump estaba decidido a resolver la crisis ucraniana hablando con Putin; sin embargo, después de reunirse con el rey Carlos, cambió de postura. Trump había aceptado previamente que Kiev tenía que renunciar a algunos de sus territorios, pero tras esta visita pasó a creer que Rusia era un "tigre de papel".

"Detrás de toda esta transformación, hay un Club formado hace siglos, que sigue sumando miembros mientras le son útiles, o desprendiéndose de ellos cuando se vuelven irrelevantes o

desaparecen como dinastías. Trump lo sabía y quería que su dinastía (Barron Trump y otros hijos) pasara a formar parte de este club. Para formar parte, no basta con ser rico, sino que hay que aceptar una lealtad incuestionable hacia él. Y eso se consigue entregándole al club los

EE. UU. en bandeja de plata.

Los dueños de este club están combatiendo a Rusia y a China porque no son miembros.

¿Ha oído hablar del grupo Bilderberg, el banco Rothschild, la Corona británica y otras sociedades secretas que gobiernan nuestro mundo? Uno de esos grupos, la Corona británica, es uno de los partidarios más firmes de la guerra de Ucrania contra Rusia.

Susan Kokinda en **Promethean Action.com**, **The Fourth Media, el 8-7- 2025**. *"El rey Carlos al descubierto: cómo un presidente está aplastando siglos de control monárquico."*

"Los mayores enemigos de Trump no son la red de Obama, Clinton y Biden ni siquiera el "Estado profundo", sino las monarquías europeas, que nunca detuvieron su insidiosa guerra contra la República estadounidense. La mayoría de la gente cree que esto es solo política, demócratas contra republicanos, o quizá América contra los globalistas.

Usted ve las batallas diarias por la financiación de Ucrania, la política de la Fed o las regulaciones medioambientales como cuestiones separadas... Incluso los partidarios de Trump se pierden el panorama general....

Estamos luchando contra el sistema anglo-neerlandés, y lo que estamos presenciando no tiene precedentes. Un presidente esta-

dounidense librando una guerra directa contra el mismo sistema anglo-neerlandés contra el que luchamos en la Revolución estadounidense. Trump no está luchando contra los globalistas; Trump se enfrenta a las monarquías y oligarquías europeas, encabezadas por la monarquía británica y sus socios neerlandeses. Esto es lo que está dejando exhausta a América a través de su sistema de banca central, su culto a los acuerdos medioambientales y sus interminables guerras imperiales. He documentado cómo las mismas familias reales crearon la Reserva Federal, pusieron en marcha el movimiento ecologista y desencadenaron tres grandes guerras. Hoy estoy exponiendo cómo el rey Carlos y los neerlandeses están desesperadamente

manteniendo a Ucrania en llamas, y cómo las políticas económicas de Trump están desmantelando su ideología centenaria de destrucción ambiental, y cómo estas batallas golpean el corazón mismo del imperio financiero que ha gobernado Estados Unidos desde 1913.

¿Por qué continúa la guerra ucraniana cuando Trump tiene un mandato claro para ponerle fin? Por el control que el imperio ejerce sobre Europa. Esto lo subrayó el enviado especial del presidente a Moscú, Steve Witkoff, quien acaba de concluir una reunión con el presidente ruso Putin en un intento de hacer avanzar el proceso... pero es difícil negociar cuando otras partes están en el campo de batalla. Los Países Bajos fueron el primer país en desembolsar casi 600 millones de dólares en compras de armas a Estados Unidos, es decir, la mitad neerlandesa del sistema imperial anglo-neerlandés. Los otros países que se sumaron de inmediato fueron Noruega, Suecia y Dinamarca. ¿Observa algo? Todos son monarquías. Basta con pedirle a su IA favorita que busque los vínculos entre ellos, y verá que forman parte de la estructura imperial que lleva siglos en guerra con

repúblicas soberanas. No estaríamos aquí en primer lugar si el británico Boris Johnson no le hubiera ordenado a Zelenski abandonar un acuerdo negociado en abril de 2022. Ese es el lado anglo del sistema anglo-neerlandés. Zelenski se reunió dos veces con el rey Carlos este año, mientras los presidentes Trump y Putin, junto con Witkoff, intentan encontrar una solución a esta guerra insensata. El ministro de Asuntos Exteriores de Rusia, Lavrov, contrastó las posiciones de Estados Unidos y Europa en la guerra. Mientras Estados Unidos intenta aclarar las causas profundas de esta guerra, los europeos exigen histéricamente la incorporación de Ucrania a la OTAN y se preparan para una guerra con Rusia. Menos difundido, pero igualmente importante, Rusia está apuntando a la mano británica detrás de las continuas provocaciones.

Una vez más, el 29 de diciembre de 2025, Zelenski y su equipo se reunieron con el presidente Trump en Mar-a-Lago para firmar un acuerdo de paz con Rusia. Trump estaba exultante y dijo: "A esta gente le encanta esta propuesta"; sin embargo, esto es lo que ocurrió después de que Zelenski fuera a Downing Street para recibir otra palmadita en la espalda de la "coalición de los dispuestos". Zelenski se preguntó a sí mismo: "¿Estamos considerando ceder algún territorio? No, no tenemos derecho legal ni moral a hacerlo". Esto ocurrió después de reunirse con el primer ministro británico, pero no es la primera vez que sucede. En 2022, el primer ministro británico, Boris Johnson, fue a Kiev para impedir un acuerdo de paz. Zelenski cambió de opinión al respecto, y el acuerdo de paz murió, junto con miles de ucranianos y rusos. Los británicos están más que dispuestos a continuar la guerra ucraniana hasta el último ucraniano, porque su rusofobia está profundamente arraigada en su subconsciente.

***Wascemal*, en Instagram y YouTube, "*El Imperio británico en Kenia*".**

"Durante décadas, Gran Bretaña ocultó uno de los capítulos más oscuros de la historia africana: el brutal abuso de los kenianos durante el dominio colonial."

"Cuando Gran Bretaña llegó al África oriental a finales del siglo XIX, vio en Kenia una tierra fértil y una costa estratégica, no personas. Kenia se convirtió en un protectorado británico en 1895, pero en realidad era una posesión para alimentar el hambre de riqueza del imperio. Los colonos británicos se apresuraron a convertir Kenia en un 'país del hombre blanco. Se apoderaron de las fértiles tierras altas, desplazando a los pueblos originarios, los kikuyu, embu y meru. Estos nativos, que habían estado allí durante incontables generaciones, se convirtieron en intrusos en su propia tierra. Los británicos impusieron impuestos de capitación y estrictas leyes laborales: si no podías pagarlos, tenías que trabajar, a menudo en condiciones brutales e insoportables. Para la década de 1920, millones de kenianos habían perdido sus tierras. 3.000 colonos blancos

controlaban 7 millones de acres de tierra, mientras que los propietarios originales fueron reducidos a la servidumbre. Las autoridades coloniales prohibieron a los africanos plantar café y otros cultivos. Cada norma servía a un solo objetivo: mantener a los africanos pobres, dependientes y sin voz, y cualquier reacción rebelde era sofocada con palizas, tortura y silencio. Gran Bretaña gobernó Kenia mediante el miedo y la burocracia. En la década de 1940, los veteranos kenianos de la Segunda Guerra Mundial regresaron a casa al olvido y la miseria después de haber luchado y muerto en tierras extranjeras. La rebelión Mau-Mau fue respondida con atrocidades impunes: mujeres fueron agredidas sexualmente, los rebeldes fueron ejecutados sumariamente, y la lista de indignidades es demasiado larga para ponerla en palabras. Hasta 20.000 combatientes Mau-Mau fueron asesinados, pero si contamos todas las víctimas civiles colaterales, la cifra asciende a 100.000; sin embargo, esa cifra nunca fue registrada. La rebelión condujo a campos de concentración con alambre de púas, enfermedad y muerte. Uno de los líderes más conocidos, admirados y prominentes de la rebelión, Dedan Kimathi, un maestro que no podía soportar las atrocidades que estaba presenciando, fue ejecutado sumariamente con un disparo en el cuello; su cuerpo fue descuartizado y enterrado en 1956. A finales de la década de 1950, Gran Bretaña destruyó toneladas de archivos ("Operación Legacy") sobre sus violaciones de derechos humanos, abusos sistemáticos, torturas y ejecuciones en todas las colonias, incluida Kenia. En 1963, bajo Jomo Kenyatta, que había estado en prisión durante muchos años, Kenia se independizó. No obstante, las tierras robadas siguieron en manos de colonos blancos.

La misión civilizadora del Imperio encarnaba lo que había sido desde el principio: crueldad y explotación absolutas. El Imperio no se construyó sobre el progreso, sino sobre

el dolor."

en **TikTok, YouTube e Instagram: *"La Inglaterra oculta: el imperio y sus secuelas.*"**

"El lado oscuro del colonialismo británico: lo que no enseñan sobre los crímenes coloniales del imperio."

Cuando el Parlamento británico se vio obligado a aprobar la "Ley de Abolición de la Esclavitud" en 1833, la libertad llegó con un precio. El Gobierno británico pagó el equivalente a 20.000 millones de libras en compensaciones a los propietarios de esclavos de todo el imperio, no a los esclavizados. Familias como los Gladstone, la Iglesia de Inglaterra e incluso miembros del Parlamento recibieron pagos por la pérdida de su propiedad; mientras tanto, los hombres y mujeres liberados no recibieron ni tierras ni salarios y, en muchas colonias, fueron forzados a sistemas de aprendizaje que los mantuvieron trabajando para sus antiguos amos.

Aquí está el giro: para financiar esta compensación masiva, el Gobierno británico contrajo un préstamo, y los contribuyentes lo estuvieron pagando hasta 2015. Durante 200 años, los ciudadanos ayudaron a cubrir el costo del 'legado de la esclavitud'.

Un comentario espontáneo: "Gran Bretaña siempre actúa como si su historia nefasta nunca hubiera sucedido."

TikTok, *Wascemal*, Anónimo "*Los 10 países que más saqueó el Imperio británico*" (en dólares)

10. **Ghana**, despojada de su oro y su cacao, vale 110.000 millones de dólares.

9.**Irlanda**, la dominación inglesa le costó al pueblo irlandés casi 224.000 millones de dólares.

8. **Kenia,** donde se confiscaron tierras fértiles, y el café y el té generaron 250.000 millones de dólares.

7. **Australia**, construida sobre tierra indígena robada y minerales, fue declarada "terra nullius", valorada en hasta 300.000 millones de dólares.

6.**Egipto**, con el control del Canal de Suez y de la industria algodonera, tiene un PIB de 500.000 millones de dólares.

5. **Nigeria**, rica en aceite de palma, cacao y petróleo, tiene un PIB de 700.000 millones de dólares.

4. **Malaya,** rica en estaño y caucho para la industria británica, vale un billón de dólares.

3. **Sudáfrica**, rica en recursos minerales, tiene 1 billón de dólares.

2. **Caribe**, esclavitud y plantaciones azucareras, 9 billones de dólares.

1. **India**, la joya de la corona, 55 billones de dólares.

En total, 68 billones de dólares, mientras dejaba miseria y conflicto por todas partes. En este podcast, no se mencionan los billones de dólares obtenidos mediante el comercio del opio **impuesto** a China.

TikTok, "*Greek.Pride*"

"Hace doscientos años, Lord Elgin no salvó el arte griego. Lo robó. Arrancó los mármoles del Partenón del corazón de Atenas. Los envió a Londres, donde todavía permanecen tras vitrinas, etiquetados como Patrimonio Mundial, pero 'Patrimonio Mundial' no significa propiedad, sobre todo cuando fue arrancado del alma de otra nación. El Partenón no era una ruina; era un monumento vivo, una corona de la civilización griega. Elgin no lo preservó; lo mutiló. Aunque Gran Bretaña afirma que fue legal, Grecia estaba bajo ocupación otomana. ¿Cómo puede ser legal un robo bajo la tiranía? Durante décadas, Grecia ha pedido que los mármoles vuelvan a casa, no por ira, sino por dignidad. Su lugar está bajo la luz griega, junto a la Acrópolis que los vio nacer, no en una tierra extranjera, bajo una luz mortecina. Sin embargo, todo lo que Grecia ha recibido son excusas, incluso después de que la UNESCO haya

los declaró «Patrimonio Mundial». Gran Bretaña sigue negándose a hacer lo que debe hacerse: devolver todos esos mármoles a su lugar de origen».

Comencé esta breve historia del Imperio británico con una cita del Dr. Jeffrey D. Sachs, figura destacada de la economía y la geopolítica e investigador que verifica rigurosamente sus datos. Al lector puede parecerle que alberga un fuerte sesgo contra el Imperio británico; sin embargo, sus incisivas afirmaciones resisten una estricta «verificación de hechos». Por otra parte, sus credenciales no podrían ser más impresionantes: University Professor en la Universidad de Columbia, el rango académico más alto; dirige el Centro para el Desarrollo Sostenible; anteriormente dirigió el Instituto de la Tierra en Columbia; se desempeña como asesor especial de la ONU para tres secretarios generales de la ONU: Kofi Annan, Ban Ki-moon y Antonio Guterres, centrándose en objetivos como los Objetivos de Desarrollo del Milenio y los Objetivos de Desarrollo Sostenible. Actualmente es Defensor de los ODS del secretario general de la ONU, Antonio Guterres.

Sachs es también un autor prolífico, con varios libros superventas, entre ellos "El fin de la pobreza", "Riqueza común: economía para un planeta abarrotado" y "La era del desarrollo sostenible". Ha sido reconocido por publicaciones como la revista Time, y The Economist lo ha situado entre los economistas vivos más influyentes.

En "*Riqueza común: economía para un planeta abarrotado*", sostiene que el sistema económico actual enfrenta una profunda crisis de sostenibilidad. Cree que nuestra búsqueda del crecimiento económico mediante la competencia entre

Estados nación se está volviendo anticuada e insostenible en un planeta de recursos finitos y población creciente. Aboga por un nuevo paradigma económico que sea global, inclusivo, cooperativo, consciente del medio ambiente y basado en la ciencia, así como por encontrar un terreno común entre ricos y pobres, entre grupos étnicos y, crucialmente, entre la humanidad y la naturaleza. El libro subraya también que estamos llegando a los límites de la capacidad de carga de nuestro planeta.

Sirva este antecedente para marcar el tono de su perspectiva sobre el Imperio británico, que es bastante contundente, como ya se señaló en el prefacio del libro.

Su conclusión final es innegable: el Imperio británico ha dejado un legado de conflicto y crisis. Presenta un «teorema» de los problemas globales que, en sus palabras, «todos se remontan a Gran Bretaña». Considera que las acciones y políticas históricas del Imperio británico sentaron las bases de muchas crisis mundiales contemporáneas. Afirma que la influencia y las intervenciones del imperio en diversas regiones han creado problemas profundamente arraigados que persisten hasta el día de hoy. Esto incluye el Medio Oriente y el papel británico en la creación y los conflictos permanentes de la región, destacando en particular cómo las acciones británicas contribuyeron al conflicto israelí-palestino. También sugiere que problemas como la ocupación de Palestina tienen sus raíces en decisiones históricas del imperio. Esa visión se extiende también a disputas globales, a la inestabilidad en Europa oriental, África (como Sudán y Somalia) y otras partes del mundo, a menudo vinculándolas con políticas imperiales y con el trazado de fronteras arbitrarias que ignoraron las dinámicas locales.

Aunque hace afirmaciones audaces, los argumentos de fondo se refieren al impacto sistémico y de largo plazo de las acciones imperiales. La idea es que el nuevo trazado de los mapas, la imposición de estructuras políticas y la

explotación de los recursos estrictamente en beneficio de los colonizadores y del Imperio durante su dominio sobre sus colonias sometidas crearon inestabilidad y agravios que siguen alimentando conflictos y desafíos en la actualidad.

En esencia, Sachs considera al Imperio británico no solo como una entidad histórica, sino también como un factor significativo en la configuración del paisaje geopolítico y en la generación de desafíos globales en curso que exigen una comprensión más profunda de la historia.

XII
IMPERIO BRITÁNICO VS. IMPERIO ESPAÑOL
(POLÍTICAS SOCIOPOLÍTICAS Y ÉTICAS)

Me siento ahora obligado a destacar y comparar las leyes civiles que rigieron los Imperios británico y español para extraer conclusiones sobre el impacto de ambos imperios en el mundo, tanto entonces como ahora.

Aunque ambos buscaron expandir sus imperios y su riqueza, sus métodos, objetivos e impactos sobre las regiones colonizadas difirieron marcadamente.

Gobierno: la colonización española estableció un sistema administrativo más centralizado, con virreinatos y audiencias que servían como extensiones directas de la Corona. España procuró activamente convertir a las poblaciones indígenas al catolicismo e integrarlas en su estructura social, dando lugar a sociedades marcadas por la mezcla racial y cultural (mestizaje), aún predominante en estas naciones hoy.

Jamás se buscó tal mezcla en las colonias inglesas, que se basaban en una completa segregación racial y cultural.

El Imperio español buscó la conversión y la **integración** de las poblaciones nativas. Esto dio como resultado una sociedad más integrada y con un alto grado de mestizaje.

La colonización británica se basó en el desplazamiento y la segregación de los indígenas, particularmente en América del Norte y Australia. Su

la colonización condujo a la marginación de las poblaciones indígenas, que eran vistas como obstáculos para su objetivo de establecer una soberanía total sobre las tierras de los nativos. La idea de la "terra nullius" ("tierra de nadie") se daba por sentada y servía de justificación para el robo de todas las tierras colonizadas por la fuerza. Una vez arrebatadas las tierras, los colonos blancos hicieron el resto: cometieron atrocidades contra los indígenas hasta que fueron masacrados, esclavizados o forzados a marcharse.

El Imperio español fue construido por intrépidos exploradores solitarios que cruzaron el océano Atlántico en busca de oro, plata y riquezas. Descubrieron y conquistaron América mezclándose en gran medida con los indígenas. Eran hombres solos que nunca trajeron a sus familias, y así la Madre Naturaleza se encargó del resto. Crearon lo que hoy vemos: una sociedad y una cultura mestizas (mixtas) al sur del Río Grande. Su referencia a España es críptica: "Madre Patria" ("metrópoli"). Reté al lector a mostrar si semejante expresión se usa alguna vez en referencia a Inglaterra. Esto marca la diferencia innegable entre estos dos imperios.

Entre 1550 y 1556, la Corona española detuvo la conquista de América por una razón reveladora: encontrar argumentos jurídicos para su validez, dado que aquellas tierras ya estaban ocupadas. De 1550 a 1556, se celebró en Valladolid, España, un acalorado debate teológico y ontológico sobre los derechos y la valía de los indígenas. Aunque muchos historiadores extranjeros rara vez lo retratan así, el debate ha sido considerado la "**Primera Declaración de los Derechos Humanos**" de la historia del mundo. Le siguió una excelente compilación de leyes relativas a la conquista y a los derechos de los pueblos indígenas. En 1512, el rey Fernando y la reina Isabel promulgaron las **Leyes de Burgos**, en España. A estas siguieron **las Leyes de Indias** (1542) y el establecimiento en Sevilla del Alto Consejo de Indias para velar por que

los diferentes virreyes y capitanías españolas se atuvieran a esas leyes en el resto de los territorios.

Se establecieron las siguientes leyes:

En la base de estas leyes había un debate jurídico y teológico (ya mencionado) sobre la dignidad de los pueblos indígenas, que sostenía que gozaban de los mismos derechos legales que los habitantes de la propia España.

Los territorios de América no eran "colonias", sino parte de una sola nación llamada España, que funcionaba bajo un sistema en el que varios reinos y territorios estaban unidos bajo un solo monarca. Así, los territorios conquistados de ultramar se incorporaban a esta estructura y a menudo eran denominados "los Reinos de Indias". El Consejo de Indias era el

principal órgano de gobierno en España responsable de todos los asuntos relacionados con los territorios de ultramar.

La idea de la "madre patria" ("metrópoli") es central aquí. España se veía a sí misma como la fuente del derecho, la religión y la civilización, y a sus territorios de ultramar como extensiones de su propio ser, más que como entidades separadas. Así, tanto en la teoría como en la práctica, los súbditos nacidos en

América eran súbditos españoles, independientemente de su etnia,

Los británicos nunca crearon una sociedad mestiza porque consideraban inferiores a sí mismos a las demás razas colonizadas. Las colonias eran vistas como entidades separadas, y la relación siempre fue la de "gobernantes frente a gobernados". Los gobernados debían ser desplazados o, en última instancia, aniquilados. Recuérdense las infames palabras del general Sheridan: el mejor indio es el indio muerto.

La historia de cómo las trece colonias trataron a las poblaciones indígenas en las regiones que ocuparon es hoy evidente. Piénsese en el infame "Sendero de Lágrimas", que presenció el sufrimiento y la muerte de miles de nativos americanos mientras eran trasladados desde sus tierras del sureste a las tierras menos fértiles del interior semidesértico. Los Cherokee, Creek, Seminoles, Chickasaw y Choctaw fueron expulsados de sus tierras ancestrales en el sureste de Estados Unidos hacia el "Territorio Indio" (la actual Oklahoma) en la década de 1830 como resultado de la "Ley de Traslado Forzoso de los Indios" firmada por el presidente Andrew Jackson.

¿Integración? Ninguna. Simplemente expulsión, desplazamiento, lenta muerte cultural e incluso física. ***Nunca se contempló una sociedad mestiza***.

Para cuando los puritanos ingleses establecieron la primera colonia británica en Jamestown, Virginia (1607), los territorios españoles ya habían sido

fundada casi cien años antes. La primera universidad se fundó en Santo Domingo (1541), seguida por muchas otras universidades en todos sus virreinatos: San Marcos, en Lima, Perú (1551) la UNAM en México((1551), Guatemala (1676), Puerto Rico (1614), Guadalajara, México, (1791), Universidad de San Luis, y Universidad de San Diego, en Lima, Perú (1621), Universidad de San Francisco Javier, Sucre, Bolivia (1663) y 33 más, la última en Managua (Nicaragua) en 1812. En la mayoría de los pueblos existían escuelas, y los libros de texto ya habían sido traducidos a 11 lenguas indígenas.

Los españoles fueron constructores y se hicieron célebres por establecer ciudades elaboradas con trazados en cuadrícula, grandes plazas, catedrales renacentistas y edificios administrativos. Ciudades: Santo Domingo, República Dominicana, 1496; Ciudad de México, 1521; Lima, Perú, 1535; La Habana, Cuba, 1515; Buenos Aires, Argentina, 1536; Santiago, Chile, 1541; Quito, Ecuador, 1534; Ciudad de Guatemala, Guatemala, 1775; Cartagena de Indias, Colombia, 1533; Cusco, Perú, 1533; Manila, Filipinas, 1571; Cebú, Filipinas, 1565; San Juan, Puerto Rico, 1521; Bermudas, 1609 (más tarde colonizadas por los británicos). En América del Norte: San Agustín, Florida, 1565; Santa Fe, Nuevo México, 1610; San Antonio, Texas, 1718; San Diego, California, 1769; Los Ángeles, California, 1781; El Paso, Texas, 1680; Tucson, Arizona, 1776; San José, California, 1777; San Francisco, California, 1776; y numerosas "misiones" ("misiones") repartidas por toda América del Sur y América del Norte, muchas de las cuales han sido declaradas "Patrimonio Mundial" por la UNESCO.

El número de ciudades que construyeron ambos imperios varió, pero la manera en que las construyeron puso de relieve sus diferentes enfoques del gobierno, el comercio y la religión.

Los británicos no construyeron muchas ciudades, sino que reestructuraron las ya existentes en centros de gobierno, intercambio y comercio para apoyar sus exportaciones y sus estrategias militares. Los **españoles** estaban más centrados en la religión y la asimilación cultural. Construyeron iglesias, monasterios, escuelas parroquiales y universidades, así como una gran cantidad de misiones por todos sus vastos territorios, todo ello destinado a convertir a los pueblos indígenas al catolicismo y a integrar sus culturas con las de España. Eso puede verse hoy en las festividades religiosas que presenciamos en toda Hispanoamérica, en su enfoque del trabajo y de las relaciones interpersonales, y en su actitud relajada en el trato social.

XIII
EL IMPERIO ESPAÑOL VS. EL IMPERIO BRITÁNICO
(LEYENDA NEGRA)

¿Qué es la leyenda negra respecto del Imperio español y de la propia España?

La "leyenda negra" es un término utilizado para describir un retrato hostil y sesgado de España y de su imperio, particularmente en lo relativo a sus acciones históricas durante la Era de las Exploraciones y la conquista de las Américas. En esencia, es un relato que presenta a los españoles como singularmente crueles, intolerantes, fanáticos y codiciosos.

Las raíces de la leyenda negra se remontan al siglo XVI, cuando España era la potencia global dominante. Sus rivales europeos, particularmente Inglaterra y los Países Bajos, y en menor medida Francia y otras naciones europeas, libraron una guerra política y psicológica contra España. Para contrarrestar la influencia y el poder de España, difundieron propaganda que demonizaba al Imperio español, a su pueblo y a su cultura, arraigada en el cisma religioso entre la España católica y las naciones protestantes. El Imperio español, como bastión de la Iglesia católica, se convirtió en objetivo de los Estados protestantes anticatólicos que buscaban socavar su autoridad y legitimidad.

El emperador Carlos V de Alemania era también rey de España. Carlos era hijo de Felipe el Hermoso, duque de Borgoña y archiduque de Austria, y de Juana, hija de los Reyes Católicos españoles Fernando de Aragón e Isabel de Castilla. También tuvieron a Catalina de Aragón, una media hermana mayor (más tarde reina de Inglaterra, casada con Enrique VIII), e Isabel de Portugal, una media hermana menor (reina de Portugal).

Los abuelos paternos de Carlos eran Maximiliano I, emperador del Sacro Imperio Romano Germánico (de los Habsburgo), y María de Borgoña, duquesa de Borgoña.

Los abuelos maternos eran Fernando de Aragón e Isabel de Castilla.

La línea paterna de Carlos V se remonta a los Habsburgo, una familia que controló vastos territorios en Europa Central. Maximiliano I (el abuelo de Carlos) era hijo de Federico III, emperador del Sacro Imperio Romano Germánico, y de Isabel de Austria. Los Habsburgo eran conocidos por sus matrimonios estratégicos, como la unión de Maximiliano con María de Borgoña, que amplió su influencia en los Países Bajos. Los Habsburgo surgieron en Austria y se convirtieron en la dinastía más poderosa de la civilización occidental.

A través de su madre, Juana de Castilla, Carlos V heredó los tronos de España, Nápoles y Sicilia. Su reinado marcó el apogeo del poder de los Habsburgo en España, fusionando herencias europeas e ibéricas.

A través de su padre, Felipe el Hermoso de Borgoña, Carlos V heredó Borgoña y los Países Bajos (Holanda y Bélgica).

A la muerte de Maximiliano I, Carlos fue elegido emperador del Sacro Imperio Romano Germánico, título que se añadió a su papel de rey de España. La fusión del poder de los Habsburgo y de España creó el primer "imperio global" de la era moderna.

Su dominio abarcó España, el Sacro Imperio Romano Germánico, los Países Bajos y las Américas, con una compleja red de alianzas y conflictos. Y aquí encontramos las raíces de la "leyenda negra" contra España y el Imperio español.

Carlos V (en España, Carlos I), emperador del Sacro Imperio Romano Germánico y gobernante del Imperio español, estuvo profundamente enredado en las guerras religiosas de Europa Central durante el siglo XVI, particularmente en las derivadas de la Reforma protestante. Las 95 tesis de Lutero (1517) ya habían encendido un descontento generalizado con la Iglesia católica. El emperador Carlos, defensor y ungido por la Iglesia católica romana, tuvo que defenderla contra todas las herejías, declaró la guerra y lanzó una serie de dolorosas y sangrientas campañas para sofocar la Reforma protestante, que se había extendido por todos los dominios centroeuropeos del emperador. La guerra terminó en una represión brutal, con la nobleza católica respaldada por las fuerzas imperiales.

La fuerza de estas tropas procedía, en gran medida, de la infantería española (los renombrados "tercios"), que venció en todos los encuentros con las levas protestantes y obligó a las fuerzas protestantes, agrupadas en la Liga de Esmalcalda y Turingia, a rendirse en 1547. Como la historia siempre atestigua, sin embargo, el descontento y la Reforma incrementaron la resistencia, y la Dieta de Augsburgo (1555) permitió a los príncipes alemanes elegir entre el catolicismo y el luteranismo ("***cuius regio, eius religio***", el gobernante elige su religión). Este tratado afianzó las divisiones religiosas en Europa Central y preparó el terreno para la "Guerra de los Ochenta Años" (1568-1648), la guerra de independencia de los Países Bajos frente a la Corona española, encabezada por Guillermo de Orange. Fue Guillermo, con su "Apología", quien inició la leyenda negra al retratar a los españoles bajo la peor luz posible.

La leyenda fue adoptada de inmediato por los británicos, cuyo odio a España puede compararse con el que han venido cultivando contra Rusia.

Esto explicará una variedad de actitudes hacia España en Estados Unidos, donde España apenas cuenta a pesar de:

España desempeñó un papel crucial en el apoyo a la Revolución estadounidense al proporcionar una ayuda financiera significativa, suministros militares y campañas militares directas contra las fuerzas británicas.

Apoyo financiero: dinero y préstamos. España canalizó en secreto dinero y suministros a los rebeldes estadounidenses a través de Rodríguez Hortalez y Compañía, una firma mercantil ficticia con base en el Caribe.

Envíos clave a Yorktown (1781). En 1781, España envió una gran cantidad de oro, plata y 120.000 'reales de a ocho' (dólares españoles) para apoyar el asedio final de Yorktown, un punto de inflexión en la guerra.

Magnitud de la ayuda: Entre 1775 y 1781, la monarquía española envió más de

3 millones de pesos (equivalentes a unos 3 billones de dólares) en armas, uniformes y préstamos a la causa estadounidense. Esto fue crucial para reforzar los recursos del Ejército Continental.

Campañas militares bajo el general Gálvez. Bernardo de Gálvez, gobernador de la Luisiana española y virrey de Nueva España (México), por orden del rey Carlos III de España, permitió que suministros como pólvora, armas y medicinas llegaran al Ejército Continental, transportados remontando los ríos Misisipi y Ohio, beneficiando directamente a las fuerzas estadounidenses dirigidas por figuras como George Washington y George Rogers Clark. Las campañas españolas en el Sur obligaron a Gran Bretaña a desviar tropas y recursos, aliviando la presión sobre las fuerzas estadounidenses en el Norte.

Bloqueo estratégico y apoyo: Gálvez impuso estrictas regulaciones en el puerto de Nueva Orleans, asegurando que los suministros vitales llegaran a los estadounidenses mientras obstaculizaba a los británicos. Gálvez también capturó Pensacola (1781), Mobile (1780) y Nueva Providencia en las Bahamas (1781), cerrando el paso a todas las fuerzas navales británicas en el Golfo y el Caribe para que no alcanzaran la asediada Yorktown, cuya caída ante el Ejército Continental estadounidense precipitó la independencia final.

La pregunta: *¿por qué toda esta decisiva ayuda financiera y militar es menos conocida o es ignorada por los libros de historia de Estados Unidos?*

La respuesta: la actitud estadounidense ante esta cuestión es obvia, y es que las colonias americanas eran británicas, abanderadas y celosas promotoras de la leyenda negra y del odio a España. Esta actitud no cambió con la Independencia.

XIV
TODO EL ALCANCE DE LA LEYENDA NEGRA DE ESPAÑA FRENTE A LAS REALIDADES, AÚN MÁS OSCURAS, BRITÁNICAS Y NEERLANDESAS.

Hoy, en medio del revisionismo histórico en curso en nuestras sociedades occidentales, la imagen de los desmanes de España en su colonización, su trato a los judíos y su siempre presente Inquisición se cuela en las escuelas, los debates políticos e históricos y los intercambios sociales.

Las calumnias relativas a las atrocidades españolas en sus colonias ya han sido expuestas en capítulos anteriores. No me extenderé más sobre la cuestión, salvo por un punto obvio: los miles de muertes en los territorios conquistados por España (debo recordar al lector que no eran colonias, sino parte de la Corona española, con los mismos derechos que los de la propia España) fueron consecuencia del sistema inmunitario indígena, que no había estado expuesto a los patógenos y enfermedades traídos por los europeos, en este caso los españoles, y más tarde por otras naciones colonizadoras. Las acusaciones jurídicas, sociales, éticas y de conducta contra los colonizadores españoles ya han sido demostradas falsas y ampliamente documentadas. Sin embargo, usted no oirá hablar ni tendrá noticia de las verdaderas atrocidades de los colonizadores neerlandeses y británicos. Limitémonos a documentar las cifras de la despoblación genocida de esas colonias:

En los territorios españoles, aunque no se dispone de cifras oficiales ni fiables, el maltrato es evidente, tal como lo documentan las muchas órdenes monástico-religiosas que acompañaron a los conquistadores españoles a cada paso. Los numerosos incidentes de mala conducta, incluido el trabajo forzoso bajo servidumbre por contrato, son relatados por los mismos sacerdotes y monjes católicos que los presenciaron, y fueron detenidos por las muchas leyes emanadas de España. La colonización española nunca consistió en reemplazar a los nativos, porque una población racialmente mezclada («mestiza») prevaleció en todos los territorios españoles, como podemos comprobar hoy. Los territorios fueron incorporados a la Corona española y a su ordenamiento jurídico, hasta el punto de que hoy esos nativos todavía llaman a España «madre patria».

Las colonias británicas, neerlandesas y de otros europeos: las 13 colonias originales de Estados Unidos, como está documentado, estaban libres de nativos americanos para 1780. Después, en virtud de la «Ley de Traslado Forzoso de los Indios», firmada por el presidente Andrew Jackson el 21/05/1830, los nativos americanos que vivían en un millón de acres en los estados de Georgia, Tennessee, Alabama y Carolina del Norte fueron deportados a Oklahoma. Los cheroquis, choctaws, chickasaws y seminolas recorrieron 2.000 millas en lo que se conoce como el «Sendero de Lágrimas», durante el cual unos 12.000 cheroquis perdieron la vida. Aquello fue un genocidio legal ordenado por líderes europeos. El traslado tuvo lugar en invierno, y tuvieron que soportar penalidades indescriptibles, incluidas muertes por desnutrición, hipotermia y trato brutal. Bajo el mismo presidente, durante las «guerras de Black Hawk», los sauks, fox, iroqueses, arapahos y sioux corrieron la misma suerte en 1832.

Véanse «El Sendero de Lágrimas: la expulsión forzosa de las Cinco Tribus Civilizadas», de Charles River (Amazon, 2013), y «El Sendero de Lágrimas: el auge y la caída de la nación cheroqui», de John Ehle (Anchor/Doubleday, 2014). Ya hemos mencionado cómo se llevó a cabo el desplazamiento genocida de las tribus nativas

hacia «reservas». Lo que debe señalarse ahora es que los únicos lugares donde los pueblos indígenas todavía prosperaban, al menos durante algún tiempo, eran los territorios españoles de Nuevo México, Arizona, Nevada, Colorado, Montana y California, bajo el dominio de los «despiadados españoles». Por supuesto, prosperaron hasta que los colonizadores angloamericanos decidieron avanzar hacia el oeste y apoderarse de las praderas, las montañas y los pastos. Matar indios no era más que una parte de la «expansión hacia el oeste».

Los neerlandeses podrían llenar una biblioteca con las atrocidades documentadas que cometieron contra los nativos de sus colonias, así como con registros del comercio de personas esclavizadas y de huérfanos. De todas las personas esclavizadas llevadas a las Américas, Holanda importó 400.000 a Surinam; 16.000 a Esequibo; 15.000 a Berbice; 37.000 a Recife; y 100.000 a territorios españoles a través de Curazao. De cada 1.000 personas esclavizadas en la travesía atlántica, dos morían cada día y eran arrojadas por la borda. Holanda fue la última nación en abolir la esclavitud. Véase «La esclavitud neerlandesa: nuestro pasado oscuro», en Dutch Review, 20 de julio de 2013.

Pero hay más: el tráfico de «huérfanos». Solo en Holanda tuvo lugar esto. Los neerlandeses enviaron a miles de niños huérfanos a trabajar y perecer al servicio de la Compañía de las Indias Orientales. Las casas de huérfanos de Ámsterdam y otras ciudades neerlandesas no podían albergarlos a todos, así que los enviaban a trabajar para la infame Compañía de las Indias Orientales, donde pronto morían. He aquí una cita de Leed e Ivette Hoithink: «El siniestro comercio de huérfanos de Ámsterdam», en Dutch Genealogy, 5 de septiembre de 2015.

«Reclutar empleados para la Compañía Neerlandesa de las Indias Orientales y para el ejército habría sido un negocio muy lucrativo para el orfanato. No importaba si los niños morían o no: el orfanato tendría una boca menos que alimentar y aun así seguiría recibiendo cientos de florines en pagos

atrasados...La magnitud es sobrecogedora: solo este libro de registro contenía cientos de nombres, quizá incluso un millar, y el hallazgo demuestra que había al menos diez libros de registro para distintos periodos, entre ellos uno descrito ominosamente como «notas relativas a huérfanos que van a la guerra (entre 1748-1785)».

Cuando la gente se vuelve pragmática, la moral cristiana se derrumba. Esa fue la situación en este caso, donde se siguieron e incluso se superaron tanto las doctrinas calvinistas como las maquiavélicas.

Leonard Doyle, "*Las atrocidades coloniales destruyen el mito de la tolerancia neerlandesa*" (editor para Europa occidental de The Independent, 29 de mayo de 1994)

"*Los neerlandeses, siempre prontos a moralizar sobre los abusos de los derechos humanos cometidos por otras naciones, nunca han examinado ni debatido debidamente la desagradable historia de su propia experiencia en la guerra colonial. La sociedad neerlandesa parece padecer amnesia colectiva cuando se trata del comportamiento asesino de los soldados que intentaron sin éxito sofocar el movimiento independentista indonesio. Soldados jóvenes de leva, actuando bajo órdenes, incendiaron numerosas aldeas y masacraron a hombres, mujeres y niños.*"

En menos de 2 meses, el capitán neerlandés Raymond Westerling mató a no menos de 40.000 indonesios, y estos crímenes se cometieron al mismo tiempo que los juicios de Núremberg.

Repito esto porque, junto con Inglaterra y Bélgica, los neerlandeses fueron en realidad los creadores y promotores de una visión infundada del comportamiento español en sus territorios, arrastrando por el fango el carácter, la psique y los principios morales españoles con panfletos, sermones, debates, etc., absurdos.

Bélgica (entonces parte de los Países Bajos) ya ha sido mencionada, pero, al comentar las horribles e indecibles atrocidades del rey Leopoldo en el Congo, remítase a ***"El fantasma del rey Leopoldo: una historia de codicia, terror y heroísmo en el África colonial."***

La Inquisición española. Toda la Inquisición

Es común entre las personas menos instruidas identificar la Inquisición exclusivamente con España. Así, se la oye mencionar con desdén y desprecio, usando el adjetivo 'española' para describirla. Es otro resultado más de la 'leyenda negra española' difundida por las mismas naciones que la crearon: Inglaterra y los Países Bajos. Ahora, detengámonos en ello:

La Inquisición no fue una creación española de 1478; fue promulgada por el Papa Lucio III en 1184. Se aplicó en Francia contra los cátaros y en Alemania contra los valdenses. Sin embargo, la mención de la Inquisición española es constante, aun cuando fue infinitamente más benigna que en el resto de Europa, donde sí fue verdaderamente sangrienta, cruel e inicua. Hay abundancia de datos disponibles y es fácil comprobar su exactitud. No obstante, para facilitarle las cosas al lector, aquí va una breve sinopsis (resumen) de lo que encontrará.

Entre las cuestiones importantes que deben considerarse figuran el trato a los judíos, las herejías religiosas, la brujería y las inquisiciones católica y protestante.

bienes personales. 70.000 partieron hacia diversos territorios de Europa, África o América. No fueron perseguidos ni aterrorizados. Simplemente fueron expulsados del reino. Ahora, compare esto con lo que ocurrió en toda Europa:

En Inglaterra, Eduardo I ordenó la deportación masiva de los judíos en 1290. Inglaterra quedó sin judíos tras muchos pogromos sangrientos e innombrables.

En Francia, Felipe II expulsó a los judíos en 1182, seguido por Felipe IV en 1306, quien ejecutó a 300 y expulsó a 100.000, dejándoles únicamente la ropa que llevaban puesta. La expulsión continuó en 1321, 1321, 1321,1322 y 1394.

En **Austria**, tras ejecutar a 270, el resto fue expulsado en 1421.

En Alemania, fueron perseguidos y masacrados bajo el rey Enrique II en Brandeburgo en 1510, en Baviera en 1593 y en Fráncfort en 1614.

En **Lituania** y **Hungría,** hubo una expulsión masiva entre 1495 y 1450.

Henry Kamen, en su libro "La Inquisición española: revisión histórica. Mito e historia" (Barcelona, Planeta, 2011, p. 201), señaló que:

"El número, bastante pequeño, de ejecuciones de la Inquisición española, es un argumento evidente contra el mito de un tribunal sediento de sangre... nada puede borrarse de los primeros años, pero está claro que la Inquisición en España, durante la mayor parte de su existencia, estuvo muy lejos de ser una máquina de matar... en comparación con el resto de Europa.."

"He sabido que un número significativo de personas de ambos sexos no dejan de fornicar con demonios íncubos y súcubos, y que, con brujería, hechizos e encantamientos, sofocan y amenazan la fecundidad femenina. "

Este fue el tiro de gracia para perseguir y quemar a miles de mujeres inocentes, acusadas de brujería en Europa y, por extensión, en las colonias americanas. Más tarde, otro papa, también llamado Inocencio VIII, publicó una bula, «***Summis desiderantes***» (1484), que, junto con ***«Malleus Maleficarum»*** ('martillo de las brujas', 1487) (Cambridge University Press 2009), calificado como «***la obra más despiadada y sesgada de la literatura mundial***», acarreó consecuencias catastróficas para la conciencia humana. Entre 1450 y 1750, 110.000 personas fueron arrojadas a la cárcel, 110.000 solo en Alemania, y 6.000 de ellas fueron quemadas en la hoguera. Lutero pedía matar a todas las brujas; Calvino exigía el exterminio de todas ellas. En Polonia, 10.000 fueron ejecutadas, la mayoría quemadas en la hoguera. Las brujas fueron quemadas por toda Europa: Alemania, Bélgica, Francia, el norte de Italia, Holanda, Luxemburgo, Suiza y Polonia. En las colonias americanas, no hay casos documentados de brujas quemadas en la hoguera. En cambio, durante episodios infames como los juicios de Salem, las condenadas fueron ejecutadas en la horca.

En este episodio histórico, solo España fue una excepción en Europa, con un solo caso en el País Vasco (Zugarramurdi).

Mientras países como Inglaterra y Holanda magnificaban y resaltaban la «leyenda negra» contra España y la Inquisición española, presentando a España como perpetradora de todas las atrocidades, ocultaban magistralmente su papel en la persecución, aún más oscura y sangrienta, de los católicos en los países protestantes de Europa.

El 6 de julio de 1535, Tomás Moro, que había servido como canciller de Enrique VIII entre 1529 y 1532, fue decapitado por Enrique por negarse a validar el divorcio de Enrique de Catalina de Aragón, su esposa legítima, y por reprochar el matrimonio de Enrique con Ana Bolena. También se negó a reconocer a Enrique como cabeza de la Iglesia de Inglaterra al negarse a prestar el «Juramento de Supremacía». Moro se opuso a la Reforma protestante, dirigiendo polémicas contra Martín Lutero, Huldrych Zwingli y William Tyndale. El Papa Pío XI lo canonizó en 1935 como mártir.

Durante los siglos XVI-XVII, la persecución de los católicos fue aterradora. La Reina Virgen, Isabel I, empleó una violencia extrema para mantener su poder y reducir a cenizas el resurgimiento del catolicismo bajo Felipe II de España y su esposa, María Tudor, la legítima Reina de Inglaterra y Escocia.

Enrique VIII comenzó a perseguir a los católicos después de declararse cabeza de la Iglesia de Inglaterra y de tachar de traidor, tanto a él como a la «Iglesia anglicana», a cualquiera que se le opusiera. En 1535, muchos monjes de la orden cartuja de Londres fueron desollados vivos, mutilados o ahorcados. A ello siguieron 18 hombres ahorcados, 216 condenados a muerte, 16 abades y 38 monjas y sacerdotes, para un total de 1.000.

En Irlanda, solo quedaron vivos 4 de cada 1.000 monjes.

Isabel condenaba a muerte a cualquier sacerdote católico hallado en su reino y prohibía estrictamente las celebraciones de la misa, incluso en privado. Para esta reina, ser sacerdote católico llevaba aparejada la pena de muerte, que se extendía a cualquiera que osara ayudarlo. El espectáculo de estas ejecuciones públicas llegó a ser tan entretenido que la gente pagaba por presenciarlas. También estableció una vigilancia vecinal para denunciar a quienes no asistieran a los oficios religiosos. Las penas incluían palizas, la muerte e incluso la cárcel para aquellos vecinos que no lo denunciaran.

Algo similar, o incluso peor, ocurría en Zúrich bajo la dictadura religiosa de Zwingli, donde no asistir a los oficios protestantes se castigaba con palizas públicas, prisión e incluso la pena de muerte. Zúrich se convirtió en una oscura dictadura religiosa. Insistía en la necesidad de aniquilar a todos los obispos y sacerdotes católicos, como si Dios lo ordenara.

Lo mismo, o peor, ocurría en Ginebra bajo Calvino, quien afirmaba: «quien no quiera matar a los católicos es un traidor, porque salvar al lobo deja indefensos a los corderos». Así, tras apoderarse de todos los monasterios e iglesias, estableció una dictadura del terror.

Martín Lutero, al igual que Felipe Melanchthon, era partidario de expulsar a los católicos e imponerles la pena de muerte.

Véase Dave Armstrong: «La Inquisición protestante: Reforma, intolerancia y persecución» (boletín, Biblical Evidence for Catholicism, 1991; revisado el 14 de septiembre de 2017), donde afirma que

«Históricamente, nada es más incorrecto que la afirmación de que la Reforma fue un movimiento a favor de la libertad intelectual. Exactamente lo contrario es la verdad. Para ellos mismos, sí. Los luteranos y los calvinistas

reclamaban libertad de conciencia, ***pero jamás se les ocurrió concedérsela a los demás.»***

Auguste Comte (en ***"Filosofía positiva"*** *Volumen IV, página* 510, París 1830) señala que:

> "La intolerancia del protestantismo no fue menos tiránica que aquella de la que se acusaba al catolicismo... lo que la hacía extremadamente repugnante era que resultaba incompatible con la doctrina fundamental del protestantismo: el derecho a interpretar personalmente los asuntos religiosos. Nada hay más ilógico que afirmar que se puede interpretar la Biblia, y luego torturar y matar a quienes lo hacían."

Aquí, una vez más, nos encontramos con la "leyenda negra" en torno a la Inquisición española. Entre las masas menos instruidas se ha vuelto habitual mencionar la "Inquisición española" mientras se pasa por alto otra, aún más oscura y malévola: la **Inquisición protestante**.

La historia no siempre es correcta. De hecho, suele ser escrita por los vencedores, por lo que las causas y los efectos se deforman en favor de los propios autores.

EPÍLOGO

(CURIOSIDADES)

Las exploraciones, descubrimientos y logros británicos siempre se han destacado en muchos libros de texto, reportajes informativos y revistas científicas e históricas, hasta el punto de convertirse en conocimiento general; sin embargo, nunca se escribe sobre ningún descubrimiento, logro o curiosidad histórica relativa a los descubrimientos o hazañas españolas. Eso, una vez más, está intrínsecamente ligado a los muchos siglos de la "leyenda negra" española. Por ello, aquí siento la necesidad de llamar la atención del lector sobre algunos datos interesantes que han sido enterrados u olvidados en muchos libros de texto o en los medios de divulgación histórica.

¿Sabía usted que?

1, El ***Galeón de Manila***, cruzaba el Pacífico desde Acapulco, México, hasta Manila, Filipinas, en viaje de ida y vuelta dos veces al año, fomentando el comercio y el intercambio cultural entre México y Filipinas durante más de 250 años. La red funcionó de 1565 a 1815. El Pacífico, descubierto originalmente por Núñez de Balboa (1513), llegó a ser conocido por los británicos como "el Lago español" (O.H.K. Spate, 1974). El Imperio español tuvo control y jurisdicción sobre el 80 % de las tierras y archipiélagos del Pacífico. Con más de 80 expediciones (siglos XVI-XVII-XVIII-XIX), España descubrió Micronesia (Marianas, Palaos, Gilbert, Marshall, Guam);

Melanesia (Nuevas Hébridas, Salomón, Almirantazgo en la Patagonia y Galápagos); Polinesia (Tuamotou, Vanuatu, Carolinas), Nueva Guinea (conquistada y reclamada para España por Manuel Iradier), y el estrecho de Torres.

Pero Paez, quien descubrió la fuente del Nilo Azul" (Barcelona, Plaza y Janes, 2001)

Quijote de la Mancha," perdió los brazos y fue hecho cautivo en África del Norte.

13, El 22 de enero de 1926, tres aviadores españoles partieron para cruzar el Atlántico en un Dornier bimotor alemán, llamado "Plus Ultra". Salieron de Palos de la Frontera, provincia de Huelva, España, el

mismo puerto del que partió Cristóbal Colón, y llegaron a Buenos Aires, Argentina, el 26 de enero de 1926. El vuelo a través del Atlántico fue el segundo más largo jamás realizado.

Como ocurre con buena parte de estas curiosidades, muchas expediciones, descubrimientos y asentamientos llevados a cabo durante los 300 años del Imperio español han sido olvidados en los libros de historia. Llenarían una enciclopedia entera. Lo único que puede hacerse con los hechos es tergiversarlos, retorcerlos o enterrarlos. Eso ha sido obra íntegra de los creadores de la "leyenda negra". Sin embargo, los propios españoles merecen parte de la culpa por no haberse esforzado lo suficiente en desenmascarar todas estas mentiras, fabricaciones, engaños y libelos. Ese descuido es una de las razones por las que la "leyenda negra" sigue resonando entre las masas menos curiosas.

Si usted, lector curioso, se queda con la impresión de que esta descripción del Imperio británico es negativa, es porque los hechos no admiten discusión, y yo los estoy exponiendo. Creo que la comparación con el Imperio español ilustra cómo ambos imperios trataron a los indígenas en toda la extensión de sus colonias. Ponerlos cara a cara facilita ver sus diferencias desde un punto de vista ético y jurídico.

Como afirmé en el prefacio, este ensayo no se ocupa de la interpretación, sino de exponer hechos. Usted, lector, saque sus propias conclusiones.

ACERCA DEL AUTOR

El Dr. Antonio Torres-Alcalá ha ejercido la docencia en diversas universidades de gran prestigio en los Estados Unidos y ha sido profesor invitado en muchas otras (Austria, Eslovaquia, España). Sus libros y artículos se centran en la Literatura Comparada y la Lingüística de los períodos medieval, renacentista y romance. Actualmente está jubilado y viaja entre los Estados Unidos y Europa. Su ensayo reciente es solo una nota al pie de la distopía geopolítica actual.

Otras publicaciones del autor (en inglés):

Godiva Goes North: "A doggone tale of misfortune in New York City" (Publicado originalmente por Brekel Group Inc, 2001).

"To the Son I Never Had" (Fulton Books, 2017).

"A Brief Tale of a Lost World" (Xlibris, 2019).

"2020/2030: The Decade of the Unfolding" (Liberty Hill Press, 2019).

"Where Has the Cabal Taken Us? The Politically Correct Disaster." Amazon (2025).

"The Politics of 'fait accompli' and the New World Order" (Xlibris, 2022).

"Embarrassing Love Letters: Recently Declassified" (Xlibris, 2026).

En español:

"A la caza de Memorias Perdidas" (Opera Prima, 1997).

"Mis noches con la Engracia: Relato de Desvarios" (Porrua, 1978)

"Manifiesto sobre la Historia de España: el Milagro de haber llegado hasta aquí" (EAS, 2017)

"España Frente al Espejo: De la Leyenda Negra y Nacionalismos" (EAS, 2019)

SIN TÍTULO

SIN TÍTULO

Made in the USA
Coppell, TX
11 June 2026

80951403R00075